KB097134

서중석의 현대사 이야기 ❻

서중석의 현대사 이야기

서중석 답하다
김덕련 묻고 정리하다

6

박정희와 배신의 정치,
거꾸로 된 '혁명'과 제3공화국

오월의봄

일러두기

본문의 추가 보충 설명은 모두 김덕련이 정리했다.

책머리에

1

우리는 21세기에 들어와 극렬한 '역사 전쟁'을 겪고 있다. 역사 전쟁은 한국과 일본 사이에, 또 한국과 중국 사이에 벌어지는 것으로 알고 있는 사람들이 많겠지만, 오히려 한국 사회 내부에서 더 치열하다.

사실 최근에 와서야 비로소 역사 교육이 정상적인 길로 들어서는가 싶었다. 박정희 한 사람만을 위한 1인 유신 체제의 망령인 국정 역사 교과서가 21세기 들어 사라졌고, 가장 중요한데도 공백이나 다름없었던 근현대사 교육이 이루어지면서 한국사 교육이 조금씩 자리를 잡아가고 있었다. 이런 흐름을 따라 이제 극우 반공 체제나 권력의 손아귀에서 벗어나 역사 교육이 학문과 교육 본연의 자세로 조심스럽게 나아가는 듯싶었다.

우리 현대사에는 조금 잘될 듯하다가 물거품이 된 경우가 종종 있다. 역사 교육도 그렇다. 교육의 현장이 순식간에 전쟁터가 된 것이다.

2008년 이명박 정권이 들어서자마자 수구 세력은 오염된 현대사를 재교육하겠다고 나섰다. 과거 중앙정보부 간부, 수구 언론 논설위원 등이 포함된 강사들이 서울을 비롯해 전국 각지로 보내져 학생과 교육계, '사회 지도층'을 상대로 현대사 재교육에 나섰다. 강사라기보다 유세객遊說客이라는 표현이 맞겠지만, 이들 중 현대사 전공자라고 볼 만한 사람은 없었다. 현대사 전공자가 아니면 역사학자도 잘 모를 수밖에 없는 한국 현대사, 특히 해방 전후사를 수구 세력 이데올로기 대변자들한테 맡긴 것이다. 얼마나 다급했으면 그렇게 했을까 싶지만 해프닝이나 다름없었다.

거기까지는 그나마 양호했다. 그해 8월 15일은 공교롭게도 정부 수립 60주년이 되는 날이었는데, 특히 이날을 벼르고 벼르던 세력들이 광복절을 건국절로 명칭을 변경해 기념해야 한다고 나섰다. 일부는 뭐가 뭔지 모르고 가담했겠지만, 그것은 역사 교육의 목표, 국가 기강이나 민족정기를 한순간 뒤집어엎고 혼란에 빠트릴 수 있는 위험천만한 행동이었다. 친일파를 건국 공로자로 만들 수 있는 건국절 행사장에는 참석하지 않겠다고 독립 운동 단체가 단호히 선언하고, 독립 운동가들이 자신들이 받은 서훈을 반납하겠다고 강경히 주장해서 간신히 광복절 기념식을 치를 수 있었다.

가을이 되자 일선 역사 교사들에게 날벼락이 떨어졌다. 지금 쓰는 교과서를 바꾸라고 난리를 친 것이다. 모든 권력을 총동원해서 압력을 가해왔다. 그 전쟁터 한가운데에 서서 교사들은 어떤 사념에 잠겼을까. 역사 교사로서 올바르게 산다는 것이 무엇이라고 생각했을까. 그렇지 않으면 기구한 우리 현대사를 되돌아보았을까.

그로부터 5년 후 박근혜 정권이 등장하자 또다시 역사 전쟁이 벌어졌다. 이번에는 역사 교과서를 둘러싼 전쟁이었다. 2004~2005년부터 구체적인 본색을 드러내고 조직적으로 활동하며 수구 세력 내에서 역사 문제에 대해 강력한 발언권을 확보해온 뉴라이트 계열이 역사 교과서를 만든 것이다.

뉴라이트 계열 역사 교과서는 어이없이 참패했다. 일본 극우들이 2001년에 만든 후쇼샤 교과서보다 더한 참패였다. 일제 침략, 친일파와 독재를 옹호했다고 그 교과서를 맹렬히 비판하던 쪽도 전혀 상상치 못한 결과였다. 그 교과서가 등장하기 몇 달 전부터 수구 언론이 여러 차례 크게 보도해 분위기를 띄우고, 권력이 여러 방법으로 지원을 하는 등 나름대로 총력전을 폈으며, 수구 세력이 지배하는 학교 재단도 있었기 때문에 어느 정도는 채택될지도 모른다고 크게 우려했는데 결과는 딴판이었다.

2

왜 역사 전쟁에서 이승만을 띄우는가. 박정희의 경제 발전 공로는 진보 세력 일부도 인정하기 때문에 이제 이승만만 살리면 다 된다고 보기 때문일까. 그렇지 않다. 근현대 역사에서 너무나 중요한 '비결 아닌 비결'이 거기 내장되어 있기 때문이다.

우리에게는 '역사의 죄인'이 있다. 우리 역사에서 제일 큰 죄인은 누구일까. 우선 친일파, 분단 세력, 독재 협력 세력이 쉽게 떠오를 것이다. 이승만을 존경하는 사람들에는 여러 유형이 있다. 친일파, 분단 세력, 독재 협력 세력이 거기 포함된다. 이들은 이승만을 살리고 나아가 그를 '건국의 아버지' '국부'로 만들어놓을 수만 있으면 '역사의 죄인'에서 벗어날 수 있다고 믿는 것 같다. 나아가 이승만이 국부가 되면 권력이나 사회적 지위, 기득권을 계속 움켜쥘 수 있다고 확신하고 있는 것 같다.

역사 전쟁은 수구 세력이 일으키는 불장난이라는 생각이 들 때가 있다. 60~70년 전 역사를 가지고 지금 아무에게도 득이 되지 않는 소모적인 전쟁을 일으킬 필요가 없기 때문이다. 사실을 왜곡하는 일 없이, 개방 시대에 맞게 그 시대를 폭넓게 이해하도록 가르치면 되는 것이다. 문제는 친일파, 분단 세력, 독재 협력 세력은 그렇게 생각하지 않는다는 데 있다. 자연인으로서 친일파는 생명이 다했지만, 정치적 · 사회적 친일파는 여전히 강성하다. 그러니 자꾸 문제를 일으킨다. 어두운 과거를 떨치고 새 출발을 할 때 보수주의가 자리 잡을 수 있는데, 비판자들을 마구잡이로 '종북'으로 몰아세우고 대통령 선거에서 NLL로 황당무계한 공격을 하는 데서 알 수 있듯이, 그들은 과거를 떨치지 못하고 독재 권력이 행했던 과거의 수법에 의존하고 있다. 이렇듯 수구 세력이 정치적 생명을 연장하려고 하기 때문에 역사 전쟁이 지겹게도 반복되고 있는 것이다.

우리에게는 '역사의 힘'이 있다. 항일 독립 운동과 반독재 민주화 운동이 줄기차게 계속된 것도, 우리 제헌 헌법에 자유·평등의 독립 운동 정신이 담겨 있는 것도 역사의 힘이다. 우리 국민이 친일파, 분단, 독재를 있어선 안 되는 잘못된 것으로 보는 것도 역사의 힘이다. 막강한 힘의 지원을 받은 역사 교과서가 참패한 것도 그렇다. 2014년에 국무총리 후보가 역사의식 때문에 순식간에 추락한 것도 역사의 힘이 아니고서는 설명하기 어렵다. 그런데도 해방-광복 70주년이 되는 2015년에 들어서자마자 역사 교과서를 국정화하겠다는 소리가 들리고, 수구 언론은 과거처럼 '이승만 위인 만들기'에 노력하고 있다.

진보 세력은 역사의 죄인 혐의에서 자유로울까. 현대사 진실 찾기, 역사 바로 세우기를 방기한 것은 어떻게 설명할 수 있을까. 1980년대에 운동권은 극우 반공 세력의 역사관을 산산조각 냈다고 생각하기도 했지만, 그것은 자만이었다. 현대사 진실 찾기를 방기할 때, 그것은 또 하나의 이데올로기이자 도그마로 경직될 수 있었다. 진보 세력은 수구 세력이 뉴라이트의 도움을 받아 근현대사 쟁점에 나름 대로 논리를 세워놨는데도 더 이상 자신을 채찍질하지 않았다.

1980년대에 그렇게 현대사에 열을 올리던 사람들 가운데 몇이나 해방과 광복, 광복절과 건국절의 차이를 설명할 수 있을까. 그들은 단정 운동에 대해서 어느 정도 지식을 가지고 있을까. 이승만이 대한민국을 건국한 국부가 아니고 제헌 국회에서 표결에 의해 선출된 초대 대통령에 지나지 않는다는 것은 또 얼마나 알고 있을까. 한마디로 이승만 건국론이 잘못된 주장이라는 것을 일반 사람들에게 구체적인 사실을 들어 조리 있게 설명해줄 수 있을까. 현대사의 이런저런 문제를 가지고 생각이 다른 사람들과 논전을 벌일 경우 상대방을 얼마나 설득할 수 있을까.

3

나는 역사 전쟁이 싫다. 특히 요즘은 이제 제발 그만두었으면 싶은 마음이 간절하다. 내가 현대사에 관심을 가진 것이 1960년대 중반부터이니, 반세기라는 긴 세월 동안 극우 세력의 억지 주장이나 견강부회와 맞닥뜨리며 살아온 셈이다. 하지만 어떡하겠나. 숙명이려니

하고 받아들이지 않을 수 없다.

2013년 6월 제자와 지인들 앞에서 퇴임사를 하면서 이런 이야기들을 전했고, 젊은이들이 발분하여 현대사를 공부해줄 것을 거듭 당부했다. 그러고 나서 얼마 후 프레시안 김덕련 기자에게서 현대사 주제들을 여러 차례에 걸쳐 인터뷰하고 싶다는 요청이 왔다. 그다지 부담이 없을 것 같아 응했다. 한국전쟁부터 시작했다.

김덕련 기자는 뉴라이트가 제기한 문제들을 포함해 여러 가지를 예리하게 추궁했다. 당연히 쟁점 중심으로 얘기가 진행됐다. 그런데 곧 출판 제의가 들어왔다. 출판을 한다면 좀 더 체계적으로 인터뷰를 이끌어가야 할 것 같았다. 그래서 이승만 건국 문제, 친일파 문제, 한국전쟁과 이승만 문제, 집단 학살 문제, 5·16쿠데타 평가, 3선 개헌과 유신 체제, 박정희와 경제 발전 문제, 부마항쟁과 10·26과 광주항쟁, 6월항쟁 등 중요 쟁점을 한층 더 깊이 파고들어가기로 했다.

욕심도 생겼다. 이승만에 대해서는 직간접적으로 다룬 여러 저작과 논문이 있지만, 박정희에 대해서는 두세 편의 논문과 일반적인 글이 있을 뿐이었다. 그렇지만 현대사에서 박정희는 18년이라는 커다란 몫을 가지고 있고, 1960~1970년대의 대부분이 포함된 그 18년은 정치적으로나 경제적으로나 대단히 중요한 시기였다. 그 중요한 시기 동안 박정희가 집권했으니, 그 시기를 통사로 한번 써야 하지 않겠느냐는 의무감 비슷한 것이 있었다. 그러던 차에 인터뷰가 책으로 나오게 된다니, 박정희 집권 18년의 전체 상을 박정희 중심으로 살펴보고 싶은 의욕이 생겼다.

해방 직후의 역사도 1980년대에 와서야 연구되었지만, 박정희 시기도 마찬가지였다. 그 당시 한국인의 대다수가 박정희의 창씨 명을 알지 못했고, 심지어 그가 남로당의 프락치였다는 사실조차 모르고 있었다. 적지 않은 사람들이 막 보급되던 TV 화면에 빠지지 않고 등장하는 박정희의 모습을 그의 참모습으로 알고 있었다. 더욱이 1990년대 중반, 특히 IMF사태 이후 박정희 신드롬이 일어나면서 그는 대단한 능력자로 신비화되기도 했다.

나는 박정희가 쿠데타를 일으켰던 그때부터 이미 박정희의 모습을 지켜보았다. 덧칠하지 않은 있는 그대로의 박정희를 볼 수 있었다. 그는 그렇게 특별한 능력이나 지식을 가진 사람이 아니었다. 다만 권력에 대한 집착이 생사를 초월하도록 강했고, 상황을 판단하는 총기가 있었으며, 콤플렉스도 있었고, 색욕이 과했다.

그런데 나는 박정희의 저작, 연설문집, 그에 관한 여러 연구와 글을 들여다보면서 의외로 일제 때의 군인 경험이 그의 일생에 지대한 영향을 미쳤음을 알게 되었다. 유신 체제, 민족적 민주주의-한국적 민주주의, 민족과 주체성 강조 등 '정치 이념'이 해방 이전의 세계관에서 먼 거리에 있지 않았다. 일제 때 군인 정신으로 민족, 주체를 강조하게 되었다는 것이 아주 이상하게 들릴지 모르겠지만, 거기에 박정희의 박정희다운 특성이 있고, 한국 현대사의 일그러진 자화상이 담겨 있다.

김덕련 기자와 인터뷰를 하게 된 것은 행운이다. 그는 대학 시절 국사학과에 재학 중일 때 내 현대사 강의를 들었다고 하는데, 현대사 지식이 풍부하고 문제의식이 날카로웠다. 중요 쟁점도 놓치지 않았고 미묘한 표현도 잘 처리했다. 거기다 금상첨화 격으로 꼼꼼하며 자상하기까지 하다. 김덕련 기자와 나는 이러한 작업에 잘 어울리는 좋은 팀이라고 생각한다. 출판에 대해 자신의 철학을 가지고 있고 공들여 편집하느라 애쓴 오월의봄 박재영 대표에게도 감사드린다.

서중석

차례

책머리에　　**5**

연표　　**16**

민 정　이 양

첫 번째 마당　　박정희 권력의 심장　　　　　　　　　**20**
중앙정보부의 탄생

두 번째 마당　　경제 논리 무시한 군부 정권,　　　　**37**
경제난만 가중했다

세 번째 마당　　'혁명 재판'의 반혁명성　　　　　　　**55**
쿠데타 권력의 발가벗은 모습

네 번째 마당　　박정희와 각별한 사이였던 황태성은　**75**
왜 간첩으로 죽어야 했나

다섯 번째 마당　　군 복귀 공약,　　　　　　　　　　　**92**
박정희는 처음부터 지킬 생각 없었다?

여섯 번째 마당　　정치 정화 허울 아래　　　　　　　**106**
혁신계 묶고 '구악 중 구악' 포섭

일곱 번째 마당　　경제 망치고 법치 뒤흔든　　　　　**122**
4대 의혹 사건

여덟 번째 마당　　　박정희는 왜 '민정 불출마'　　　**133**
　　　　　　　　　　2·18 성명을 발표할 수밖에 없었나

아홉 번째 마당　　　군정 연장 협박으로　　　**152**
　　　　　　　　　　민정 불참 선언 뒤집다

열 번째 마당　　　　밑바닥까지 추락한 박정희 인기　　　**173**
　　　　　　　　　　야당은 이전투구 벌이며 지리멸렬

열한 번째 마당　　　사상 논쟁 불붙은 1963년 대선,　　　**191**
　　　　　　　　　　"박정희 좌익 전력 당연히 짚어야"

열두 번째 마당　　　박정희는 민족주의자인가　　　**212**
　　　　　　　　　　대륙 침략한 일본 우익이 친한파?

열세 번째 마당　　　왜 박정희는 서울에서 완패했나　　　**225**
　　　　　　　　　　밀가루·관권이 만든 15만 표 차이

나가는 말　　**251**

연표

	1961년
5월 16일	5·16쿠데타 발발
5월 18일	장면 내각 사퇴
	군사혁명위원회 설치(19일 국가재건최고회의로 명칭 변경)
5월 25일	농어촌 고리채 정리령 발표
6월 6일	국가재건비상조치법(최고회의를 최고 통치 기관으로 명시) 공포
6월 10일	중앙정보부법 공포
	재건국민운동 전개
6월 22일	특수 범죄 처벌에 관한 특별법 소급 입법
7월 3일	반공법, 인신 구속 등에 관한 임시 특례법 제정
7월 9일	중앙정보부, '장도영 등 장교 44명 구속 수사 중' 발표
8월 12일	박정희, '민정 이양 시기는 1963년 여름' 공표(8·12 성명)
10월	대외문제연구소, 8·15 계획서(쿠데타 세력의 민정 참여와 집권 방안) 작성
10월 20일	황태성 체포
11월	박정희, 일본에 들러 기시 노부스케 등 만주 인맥 만난 후 미국 방문해
	케네디와 회담
12월 21일	쿠데타 세력, 민족일보 사장 조용수 등 처형

1962년

1월말	김종필 측, 비밀리에 재건동지회 구성(신당 사전 조직 작업)
3월 16일	정치활동정화법 통과
3월 22일	윤보선 대통령 사임(그 직후 박정희가 대통령 권한 대행으로 취임)
6월	연초부터 거듭된 미군 범죄에 분노한 대학생들(고려대·서울대·대구대) 시위
6월 9일	최고회의, 화폐 개혁 단행(10환 ▷ 1원, 일정 액수 이상의 예금 동결)
12월 17일	헌법 개정안(대통령 중심제), 국민 투표 거쳐 확정(제3공화국 헌법)
12월 31일	군사혁명위원회 포고 제4호(정당·사회단체의 정치 활동 엄금) 폐기

1963년

2월 18일	박정희, 민정 불출마 선언(2·18 성명)
2월 25일	김종필, '자의 반 타의 반' 출국
2월 27일	재야 정치 지도자들과 정당·군 대표들, 2·18 성명 수락(2·27 선서)
3월 6일	김재춘 중앙정보부장, 4대 의혹 사건 수사 결과 중간발표
3월 11일	쿠데타 음모 혐의로 김동하·박임항·박창암 등 19명 체포 발표
3월 15일	군정 연장 요구하는 유례없는 군인 데모 발생
3월 16일	박정희 '군정 4년 연장안, 국민 투표에 부치겠다'고 발표(3·16 성명)
4월 8일	박정희, '군정 연장 국민 투표 보류' 발표(4·8 성명)
8월 31일	전날(8월 30일) 전역한 박정희, 민주공화당 대통령 후보 지명 수락
9월 23일	박정희, 첫 정견 방송에서 "가식의 자유민주주의"라고 야권 비난
9월 24일	윤보선, "여순 반란 사건 관계자가 정부 안에 있다"며 박정희 공격
10월 13일	동아일보, 박정희의 좌익 경력 폭로하는 호외 발행
10월 15일	제5대 대선(박정희, 15만여 표 차이로 윤보선 누르고 당선)
11월 26일	제6대 총선
12월 14일	황태성 처형
12월 17일	박정희, 제5대 대통령 취임(제3공화국 출범)

민정 이양

박정희 권력의 심장
중앙정보부의 탄생

민정 이양, 첫 번째 마당

김 덕 련 5·16쿠데타가 성공하면서 군인들 세상이 됐다고들 하는데, 구체적으로 어느 정도였나.

서 중 석 1961년 5월 16일 새벽에 쿠데타가 일어나고 KBS 방송국에서 '혁명 공약'까지 나왔는데, 5월 18일 결국 장면 내각이 사퇴하고 쿠데타 주동자들이 발표한 계엄을 추인했다. 이제 쿠데타가 성공한 것이다. 그러면서 그 날짜로 군사혁명위원회라는 걸 설치했다. 군사혁명위원 30명과 고문 두 사람의 명단까지 이날 발표했다. 군사혁명위원회라는 이름이 좀 문제라고 봤는지, 아마 머리 좋은 김종필이 이야기했을 건데, 이튿날(19일) 국가재건최고회의(최고회의)로 명칭을 바꿨다. 이게 군사혁명위원회보다는 훨씬 부드럽지 않나.

6월 6일에 가서는 군정 시기 일종의 헌법과 비슷하다고 할 수 있는 국가재건비상조치법을 공포하는데, 최고회의를 최고 통치 기관이라고 명시했다. 그리고 "헌법에 규정된 국회의 기능은 최고회의가 수행한다", "국무원의 권한은 최고회의의 통제와 지시 하에 내각이 수행한다", 이렇게 돼 있다. 내각도 최고회의 하부 기관으로 둔 것이다. 그리고 헌법재판소의 기능이 정지됐다. 5월 20일에는 최고회의의 통제를 받는 내각이 장도영을 수반으로 해서 구성됐다.

5·16쿠데타가 일어나면서 내각에 이르기까지 요직을 거의 전부 군인이 차지했다. 장관들도 한 명도 예외 없이 다 군인이었다. 서울시 교육감까지 군인으로 발령했듯이 전문직으로 볼 수 있는 데까지도 조금 있으면 군인을 임명했다.*

국영 기업체 같은 데도 태반이라고 할까, 아주 많이 그 임원을 군인으로 교체하는 걸 볼 수 있다. 심지어 군수, 면장, 읍장도 군인으로 거의 다 충원했다. 내가 중학생일 때 우리한테 수학을 가르치

1961년 5월 21일 청와대에서 국가재건최고회의가 '혁명 내각'을 구성하고 한자리에 모여 기념 촬영을 하고 있다. 5·16쿠데타가 일어나면서 내각에 이르기까지 요직을 거의 전부 군인이 차지했다. 장관들도 한 명도 예외 없이 다 군인이었다. 사진 출처: e영상역사관

던 선생이 어느 날 갑자기 우리에게 떠난다고 인사를 하더라. 대위 출신인데 면장 자리가 떨어져서 면장 하러 간다고 그러더라. 그럴 정도로 '장' 자 붙은 자리는 거의 전부 군인이 차지하는 시대가 온 것이다.

● 이때 서울시 교육감이 된 박현식은 1967년 9사단(백마부대)장으로 베트남에 파견되고 1974년엔 경찰 총수인 치안국장을 맡는다. 군인을 서울시 교육 책임자에 앉혔다가 해외 파병 부대장으로 보내고, 예편시킨 후 경찰 총수에 앉힌 것은 박정희 정권 시기 인사의 특성을 보여주는 장면 중 하나다.

군인 천하…
대다수 요직 차지하고 기본권 옥죄는 법 양산

— 1170년 반란을 일으켜 힘으로 권력을 탈취한 고려의 무장들을 떠올리게 하는 대목이다. 이와 관련해 1970~1980년대에 고려 무신 정권을 연구한 역사학자들 중에는 5·16쿠데타로 성립한 군사 정권에 대한 비판적 문제의식으로 그 시기에 관심을 둔 경우도 있었다. 어쨌건 5·16쿠데타 이후 상황을 고려 무신 정권 때와 비교하면 어떠한가.

고려 무인 정권 시대에 무인들이 권력 기관에서 차지한 직위보다도 한때는 더 많이 군인들이 주요 직위를 다 차지하는 시대가 된 것이다. 우리나라 역사상 공무원들을 이만큼 대폭 갈아치운 적이 몇 번이나 있었을까 하는 생각이 든다. 군인들이 들어오자마자 싹둑싹둑 직원들을 자르기 시작했다. 상공부 산하 직원 3,000여 명이 잘렸다고 보도가 나오더니만 조금 있으면 내무부에서 1만 2,000명을 정리해서 해임했다는 식으로 발표가 나온다. 이건 1980년 5·17쿠데타 직후 고급 공무원을 해임한 것하고 비교가 안 된다. 그때는 고급 공무원을 중심으로 일부만 한 건데, 이건 일부라고 할 수가 없다. 1961년 8월 13일 자 발표를 보면 공무원 3만 8,684명이 해직된 걸로 나와 있다. 꽤장한 비중이다.

고려 왕조가 망하고 조선 왕조가 들어설 때도 고위직은 다 바뀌었지만 대부분의 관리들은 안 바뀐 걸로 돼 있다. 충성만 하겠다고 하면 유임한 것이다. 관리가 제일 많이 바뀐 건 1894년 갑오경장 때로 알려져 있다. 새로운 시험 제도, 관리 임용 제도가 생기면서 대폭 물갈이를 한 것이다. 또 일제가 한국을 강점했을 때, 그러니까 1910년 8월 이른바 병합이라는 걸 했을 때도 많이 갈아치웠다. 고위직은 일본인이 차지했다. 그러나 고위직은 소수인데, 그런 고위직을 빼놓고는 일본에서 일본인을 데려다가 갑자기 충원하기가 어려웠기 때문에 상당 부분은 또 한국인을 썼다. 일단 그렇게 해놓고 나중에 여러 조치를 한 것이다. 그러니까 그때도 상당히 바뀌었을 테지만, 5·16쿠데타 직후처럼 몇 달 사이에 그렇게 막 갈아치운 정도는 아니었던 것으로 보인다.

— 1945년 일제가 물러나면서 다시 큰 변화가 찾아오지 않나.

해방 후 미군은 일본인 도지사 등 고위직에서 하급 관리에 이르기까지 상당 기간 유임하게 해서 한국인들로부터 큰 불만을 샀다. 그렇지만 1945년 연말을 기한으로 해서 그 후엔 거의 다 쫓겨났다. 그 자리를 메운 한국인이 많았다. 그게 몇 퍼센트냐. 일제 말에는 전쟁 때문에 일본인 관리가 조금 줄었다. 한국인이 그전에는 40퍼센트가 안 되게, 그것도 대개 낮은 직책에 충원됐는데, 일제 말에는 반반에 가깝게 된다. 일본인이 차지했던 그 절반을 해방 후

• 수백 년간 이어진 과거제는 갑오경장으로 폐지됐다.

•• 강점 직후 일본은 대한제국 고위층을 중앙 행정에서 배제하는 대신 중추원이라는 한직에 묶어뒀다. 그러나 지방에서는 대한제국 관리들을 대부분 재임용했다. 지방에 안정적인 지배 체제를 구축할 때까지는 일제에 저항하지 않는 대한제국 관리들을 그대로 활용한 것이다. 그 후 지배 체제를 어느 정도 정비했다고 본 일본은 대한제국 관리 출신 중 다수를 강점 5년 이내에 내보내고, 일제에 대한 충성을 인정받은 이들로 점차 그 자리를 대체했다. 아울러 중앙뿐만 아니라 점차 지방 관청에서도 일본인 관리를 늘리는 방식을 택했다.

••• 조선총독부 및 그 소속 관청의 한국인 관리 비율은 1922년 39.4퍼센트, 1932년 36.6퍼센트였다가 1942년엔 44.5퍼센트로 늘어났다.

에, 더욱이 고위직까지 한국인이 차지하게 됐으니까 대단한 이동이라고 볼 수 있다.

미군정이 끝나고 우리 정부가 들어설 때는 별로 이동이 없었다. 미군정 관리들은 특별한 이유가 없는 한 유임한다고 헌법에 아예 못을 박아 놨기 때문이다. 장관 같은 고위직이야 다 바뀌었지만 그런 고위직을 빼놓고는 그랬다. 그러니까 5·16쿠데타 때 바뀐 건 일제 말에서 해방 직후 사이에 바뀐 것에 버금가는 대규모 이동으로 보인다. 그만큼 공무원계에 엄청난 변화가 일어났다.

일부에서는 '세대교체는 한 것 아니냐'고 이야기하지만, 그렇게 간단하게 이야기할 수 없다. 군인들이 뭘 알았겠나. 행정도 그렇고 더군다나 경제는 알 수 없었다. 그야말로 군인 문화, 군인 사회에 있던 방식으로 행정 처리도 하고 전문적인 일까지 하려고 했던 것이다. 이게 과연 잘한 일인가. 그렇다고 보기가 어렵지 않겠는가.

— 쿠데타 후 국민의 기본권을 지나치게 제한하는 법이 많이 늘지 않았나.

최고회의는 새로운 법도 무지하게 많이 만들었다. 정부 수립 후 40년 동안 헌정 중단이 무려 세 차례에 걸쳐 있었다. 한 통계에 따르면, 이 중 최고회의로 이름이 바뀐 1961년 5월 19일부터 1963년 12월 16일까지 1,008건의 법령이 통과됐다고 돼 있다.●●●● 그리고 유신 쿠데타를 일으킨 1972년 10월 17일부터 1973년 3월 12일

●●●● 최고회의가 헌법 외에 725개의 법률을 입법·공포하고 1,300개의 각령閣令을 발표·집행했다고 나오는 자료도 있다. 자료에 따라 수치는 약간 다르지만, 많은 법령을 새로 만들었다는 점은 분명하다.

까지, 이때도 비상국무회의라는 이상한 기구에서 무지하게 법을 많이 만들었는데 이건 270건이다. 5·16쿠데타 직후보다 기간이 비교가 안 되게 짧아서 그런 것 같다. 그다음에 5·17쿠데타가 일어나고 그해 10월에 가면 국가보위입법회의라는 게 만들어진다. 그전에 국가보위비상대책위원회(국보위)가 있었지만 국보위는 법을 만들지는 못하고 숙청 같은 것만 대대적으로 했다. 법을 만드는 날림 기관이 바로 국가보위입법회의라는 것이었는데, 1980년 10월 28일부터 1981년 4월 20일까지 189건의 법률이 통과됐다고 한 통계에 나온다.

어느 경우나 노동권을 비롯한 기본권을 제한하고 비판을 봉쇄하는 법이 많았다. 반공법도 이때 만들었다. 최고회의가 만든 법들 중엔 시대가 바뀌면서 시급히 만들어야 할 것도 있긴 했을 텐데, 그런 걸 국회 없이 그야말로 속전속결로 만든 것이다. 너무 손쉽게, 심의도 제대로 거치지 않고 만든 것이 무척 많아서 나중에 그런 법들을 수정하는 작업도 굉장히 어려웠다. 잘못된 법일지라도 계속 시행되는 경우가 적지 않았다.

'괴물' 중앙정보부의 탄생
권한은 FBI+CIA, 핵심 기능은 정권 안보

—— 5·16쿠데타 세력이 이 시기에 한 일 중 빼놓을 수 없는 것이 바로 중앙정보부 창설이다. 중앙정보부의 위상, 어느 정도였나.

최고회의가 최고 통치 기관임을 명시했다고 이야기했는데, 실질적으로 그 당시 제일 센 기관은 중앙정보부였다고 볼 수 있다. 그런데 1961년 6월 10일 중앙정보부법을 공포하기 전에 이미 김종필 중앙정보부장이 활동하는 게 나온다. 그런 걸 보면, 5·16쿠데타 이전에 김종필이 구상하고 있었던 것을 법 제정 이전에 이미 조직해 활동한 것 아니냐는 이야기를 들을 수밖에 없다. 최고회의도 마찬가지다. 국가재건비상조치법은 6월 6일에야 나오는데, 최고회의는 그 이전에 생기지 않나.•

　　중앙정보부는 최고회의의 6개 직속 기관 중 하나였다. 그렇지만 최고회의, 내각 그리고 중앙정보부, 이 셋 중에서 어디가 제일 센가에 대해 당시에도 이미 '중앙정보부가 더 세다', 이런 이야기가 많이 나왔다. 조직 자체가 엄청나게 방대했다. 자료에 따라 이것도 아주 다르게 나오는 경우가 많은데, 심지어 30만 이상의 요원을 가지고 있었다고 나오는 것도 있다. 그런 것에는 끄나풀을 어디까지 볼 것이냐 같은 복잡한 문제들이 관련돼 있는 걸로 난 본다. 로버트 스칼라피노 교수가 '한국 정치에서 유일하게 강력하고도 광범한 조직이고 군정 하의 가장 중요한 기관'이라고 이야기한 것처럼, 중앙정보부는 엄청난 힘을 갖고 있었다. 중앙정보부법 자체에 "중앙정보부의 직원은 그 업무 수행에 있어서 필요한 협조와 지원을 전 국가 기관으로부터 받을 수 있다"고 명시한 것에서도 중앙정보부가 셀 수밖에 없었던 면이 드러난다.

• 쿠데타 당일 오전 10시 김종필은 정보 기구 설치에 관한 복안을 제시하고 설치 작업에 착수했다. 1961년 5월 25일에는 최고회의령 제2호로 중앙정보부장이 됐다. 또한 법을 공포하기 1주일 전인 그해 6월 3일에는 각 도에 장교를 보내 공무원들이 쿠데타에 순응하는지, 민심은 어떤지 등에 관한 정보를 은밀히 모으도록 지시했다.

1961년 10월 1일 김종필 중앙정보부장이 국립묘지 방명록에 서명하고 있다. 당시 중앙정보부는 수사권과 정보 수집권을 모두 행사할 수 있는 엄청난 힘을 갖고 있었다. 사진 출처: 국립기록원

── 중앙정보부가 그토록 강한 힘을 가질 수 있었던 건 정보를 수집하는 권한만이 아니라 범죄 수사권까지 갖고 있었기 때문 아닌가.

'미국의 경우 연방수사국FBI이나 중앙정보국CIA이 굉장히 힘센 기구로 알려져 있는데 FBI는 수사권만, CIA는 정보권만 갖지 않느냐', 1960년대와 1970년대에 중앙정보부를 비판한 사람들이 빼놓지 않고 이야기한 것이다. 어떻게 CIA와 FBI의 권한을 동시에 갖는 기관이 있을 수 있느냐, 그러한 기관은 통제할 수 없는 것 아니냐는 이야기를 많이 했다.

물론 중앙정보부의 중요 기능은 대북 정보 분야로 돼 있다. 그

러나 북한의 대남 기구가 남쪽 실정이나 상황에 대해 잘 모르는 것과 마찬가지로, 중앙정보부가 과연 북한에 대해 얼마나 정밀한 정보를 수집하고 있었느냐는 의문을 품은 사람이 많다. 김일성 사후에 나온 여러 이야기를 보더라도, 그때는 중앙정보부에서 안기부로 명칭이 바뀐 후인데, 북한을 잘 모르는 것 같았다. 그 후에도 그랬다. 이렇게 1990년대에 들어와서도 정부가 북한에 대해 잘 몰랐는데 과연 1960년대, 1970년대에 북한에 대한 정보를 어느 정도나 갖고 있었겠는가. 하여튼 1970년대에 보면 중앙정보부 제5국(대공수사국)이라는 큰 건물이 남산에 있었는데, 여기서 대북 정보를 많이 다루고 간첩을 수사하고 그랬다. 그 건물은 지금도 남산에 남아 있다.

중앙정보부가 힘이 셀 수밖에 없었던 또 다른 이유는 보안 업무라는 것을 했기 때문이다. 군을 포함한 정부 각 부처의 정보, 수사 활동을 통제할 수 있었을 뿐만 아니라 각 기관이 보안 업무를 제대로 챙기고 있는가를 감독하는 일이었다. 그건 정부만이 아니더라. 언론 기관, 노동 기관 등에 대해서조차 그랬다.

일각에서 '너무 자료가 많아서 현대사 공부를 못한다', 이런 이야기를 하는데 사실 우리나라엔 자료가 적다. 큰 이유가 보안 통제하고 관련이 있다. 문서를 잘 폐기하더라는 것이다. 어떤 문서가 드러나 문제가 되면 절대로 안 된다는 것이었다. 그러니까 공식 문서를 빼놓고는, 그런 공식 문서를 가능하게 한 이면 관계를 알 수 있는 문서가 우리 사회에 아주 드물다. 정부 각 기관이 남기지를

중앙정보부 제5국은 수많은 민주화 운동가를 고문한 악명 높은 곳이다. 2012년 10월, 서울시는 중앙정보부 제5국이 있던 서울시청 남산 별관을 민주화운동기념사업회에 임대해 민주화운동기념관으로 건립할 계획이라고 밝혔다.

않았다. 그렇게 된 제일 큰 이유 중 하나가 정보부의 보안 통제 기능이 아닐까 싶다. 이건 각 기관을 통제하는 힘이 될 수 있다. 중앙정보부 보안 감사에 걸려들면 그 기관의 장들이나 책임자들은 혼쭐이 날 수 있었다. 그러니 얼마만큼 중앙정보부를 무서워했겠는가.

정치 주무르는 데 몰두한 중앙정보부, 이름은 바꿨어도 체질은 그대로

— 중앙정보부는 18년간 박정희 정권을 지탱한 기둥이라는 평가를 받았다. 왜 그런 이야기를 들은 것인가.

중앙정보부가 엄청난 위력을 발휘한 건 대북 분야가 아니라 국내 정치 파트였다. 그러니까 중앙정보부가 아니라 정치정보부라고 할 수도 있다. 야당 의원들 하나하나에 대해 약점까지 포함한 개인 문서를 갖고 있었다. 더 나아가 야당을 항상 분열시켜 무력화하는 작업을 했다. 1962년 12월 31일 만든 정당법이 근대적 정당, 야당을 육성하기 위한 법이라고 설명하는 학자들이 많지만, 실질적으로 중앙정보부가 야당 무력화 작업을 한 것이다. 그래서 '야당에는 왕사쿠라가 있고 사쿠라가 즐비하게 피어 있다', 이런 이야기가 나오지 않았나.●

야당 당수 선출에까지 많이 개입했다. 1960~1970년대에 그런

● 1960~1970년대 야당 정치인 중에는 겉으로는 야당 행세를 하지만 실제로는 뒷돈과 이권에 넘어가 여당과 야합하는 경우도 있었다. 사람들은 이를 '사쿠라 야당'이라 불렀다.

이야기가 구체적으로 많이 나오지 않나. 더 나아가 중앙정보부가 야당 대통령 후보까지도 누구로 해보려고 하는 짓들을 벌이고 하지 않았나. 야당이 제대로 활동하기 어려웠던 것, 무력했던 것은 중앙정보부라는 존재를 빼놓고는 이해할 수가 없다.

이보다 더 큰 힘은 여당 통제에 있다고 볼 수 있다. 중앙정보부가 그렇게 힘이 셌던 건 야당 통제 쪽이 아니라 사실은 여당 통제 또는 여당 관련 활동 때문이라고 보는 게 더 맞을 것이다. 국회를 일사천리로 통제하고, 행정 정치 또는 행정 독재라고 부르는 방식으로 해나가려면 대통령이 국회를 손아귀에 꽉 쥐어야 한다. 그런데 여당에서 다른 소리가 나오면 그게 안 되는 것이다.

1960년대에 국회 의석은 대부분 여당이 차지하고 있었다. 1971년 총선 결과 야당 의원이 많이 늘어나지만, 그전엔 교묘한 여러 방식에 의해 그 수가 적었다.°° 그래서 여당을 통제하는 것이 굉장히 중요한 일이었다. 일사천리로 모든 일을 처리하는 것, 획일적으로 지시하고 그것에 복종하도록 하는 데에서 공화당 내 조직도 역할을 했지만 중앙정보부의 보이지 않는 힘이 크게 작용했다고들 이야기하지 않나.

— 중앙정보부의 후신이 안기부, 국정원이다. 안기부는 중앙정보부와 마찬가지로 정권 안보를 위해 국민을 짓밟는 데 앞장서

°° 1963년 11월 26일 치러진 총선에서 민주공화당은 175석 중 110석을 차지했다. 민주공화당의 득표율은 33.5퍼센트밖에 안 됐지만, 무소속 출마 금지로 인해 야당이 난립한 탓이었다. 1967년 6월 8일 총선에서 민주공화당은 175석 중 129석을 차지했다. 3선 개헌을 위해 정권 차원에서 이뤄진 부정 선거의 결과로 꼽힌다. 그러나 1971년 5월 25일 치러진 총선에서는 야당인 신민당이 총 204석 중 89석을 차지하며 약진했다. 이승만 정권 후반기와 마찬가지로, 야당은 도시에서 압승했다.

는 모습을 보였다. 국정원은 노무현 정부 때 과거사 성찰 작업을 거쳤음에도, 이명박 정부 탄생 후 옛날 모습으로 돌아갔다는 비판을 자초했다. 댓글 공작을 비롯한 2012년 대선 개입 등에서 이는 여실히 드러났다. 국정원으로 이름만 바뀌었을 뿐 중앙정보부와 안기부 때 체질은 바뀌지 않았다는 비판에 공감하는 이들이 많은 이유다. 그러나 박근혜 정부 들어 국정원 개혁은 지지부진한 상태다. 정보 기구가 계속 이런 모습을 보이는 건 중앙정보부 자체가 쿠데타 세력을 보호하기 위해 만들어진 데서 비롯했다는 지적도 있다.

민주공화당을 만든 게 어디인가. 중앙정보부 밀실에서 만들었다고 누구나 이야기하지 않나. 초대형 여당을 만들 때부터 중앙정보부가 굉장한 정치적 힘을 가질 것이라는 걸 알 수가 있었다. 1969년 3선 개헌 때도 중앙정보부가 큰 역할을 하지 않았나. 국회의원 선거에도 중앙정보부가 깊이 개입돼 있겠지만 특히 대통령 선거에서는 '선거를 총괄한다'는 이야기가 나올 정도였다. 특히 박정희 후보와 김대중 후보가 맞붙은 1971년 대선 때는 그런 이야기를 듣고 그랬다. 대선에서 여당 후보가 반드시 승리하도록 하는 데 중앙정보부 역할이라는 게 얼마나 컸나. 각종 공작, 선전, 정책 입안, 공약 같은 것들에 중앙정보부에서 상당한 작용을 했다.

유신 체제로 가면 '유신 체제를 수호하는 권력이 중앙정보부'라고 말할 정도로 중앙정보부가 훨씬 강력한 기능을 발휘한다. 유신 체제를 지지하는 국민 투표 같은 걸 할 때도 중앙정보부가 개입했지만, 예컨대 통일주체국민회의 여기서 대통령을 뽑는 건데 '100퍼센트 대통령'을 뽑도록 하려면 어디서 개입해야겠나. 입후보하는

데부터 그렇게 되지 않겠나. 유신 직후 국회의원 후보로 나서는 것에도 중앙정보부가 깊숙이 개입돼 있다고들 이야기하지 않나. 그러니까 중앙정보부가 박정희 정권에 그렇게 꼭 필요했고 그렇게 중요한 역할을 했던 이유는 다른 데 있는 게 아니라 국내 정치 파트에 있었다고 보면 틀림없을 것 같다.

중앙정보부는 언론, 노조처럼 민간 기구로서 대단히 중요한 역할을 할 수 있는 것들을 통제하고 조종하는 일도 많이 했다. 언론 기관에 오랫동안 상주하기도 하지 않았나. 학원, 대학가에도 상주했다. 언론이라는 게 한국에서 얼마나 중요한 위치에 있나. 또 노조가 힘을 쓰는 날이면 정권으로선 그것도 보통 골치 아픈 게 아니다. 중앙정보부는 중요 문화 기관에도 관련돼 있었다. 극단, 무용단 같은 걸 만들거나 지원하기도 했다. 정책적인 사업이었다.

중앙정보부를 무소불위로 만든 또 하나의 장치, 관계 기관 대책 회의

— 중앙정보부는 축구팀도 만들었다. 1966년에 열린 월드컵에서 북한은 아시아 최초로 8강에 진출했다. 그러자 중앙정보부는 1967년 1월 양지 축구단을 창설했다. 북한을 격파한다는 목표 아래 우수 선수를 모아 군 복무 대신 양지 축구단에서 활동하게 하면서 특급 대우를 해줬다. 중앙정보부 부훈(음지에서 일하며 양지를 지향한다)대로 이름을 지은 이 팀은 김형욱이 중앙정보부 장에서 물러난 이듬해인 1970년 해체됐다. 국가 안보를 지킨다는 정보 기구가 축구 승리를 목표로 팀까지 만드는 모습은 박

정희 정권 시기의 흥미로운 풍경 중 하나다.

김형욱 회고록 같은 걸 보면 경제 부문에도 중앙정보부가 깊숙이 개입돼 있었다. 재벌들을 통제한다고 할까, 일정한 역할을 수행하게 하는 데 중앙정보부가 작용했다. 중앙정보부 내에 아예 경제 파트 부서가 있었다. 그래서 '중앙정보부는 우리나라에서 못하는 게 없다. 남성을 여성으로 바꾸는 것을 빼놓고는 다 한다', 이런 이야기도 하고 그랬다.

중앙정보부가 지방에까지 큰 위력을 발휘할 수 있게 한 중요한 장치가 또 하나 있었다. 관계 기관 대책 회의라는 것이다. 이것이 언제부터, 어떤 식으로 기능했는가에 대해서는 관련자들이 이야기하지 않고 있다. 그래서 몇 가지 자료와 증언을 통해서만 알고 있다. 경우에 따라 지방에는 상설화돼 있던 것과 마찬가지라고 이야기한다.

예컨대 강원도 사북에 있는 탄광에서 무슨 사태가 일어났고 광부들이 뭘 했다, 이러면 거기에 있는 정부 관계 기관들이 싹 모여 대책 회의를 열고 조정하는 것이다. 누가 뭘 책임지고 누구를 만나 어떤 식으로 처리하고 등등이 다 여기서 결정됐다. 이걸 주관하고 주도권을 행사한 곳이 바로 중앙정보부다. 그런 곳에서 다른 여러 기구가 중앙정보부에 잘못 보이면 어떻게 되겠나. 중앙정보부가 하부 행정 기관까지 통제할 수 있었던 것이 이런 것과 관련되지 않느냐 하는 이야기다.

중앙에서도 마찬가지였다. 검찰을 비롯한 굉장한 권력 기관들이 있었지만 관계 기관 대책 회의에서 주도권을 장악한 건 역시 중앙정보부였다. 이러니 다른 기관들이 1960년대, 1970년대, 1980년대에 중앙정보부와 안기부를 넘볼 수가 있었겠나. 물론 1979년

1964년 8월 14일 김형욱 중앙정보부장이 인민혁명당 사건을 발표하고 있다. 중앙정보부는 참 방대했고 '정부 밖의 정부'이기도 했다. 전 국민을 감시한다는 이야기가 있었고 민청학련 사건과 인혁당 재건위 사건을 비롯해 수많은 사건을 조작해서 터뜨리기도 했다. 사진 출처: e영상역사관

12·12쿠데타 이후에는 보안사가 있기는 했지만 그건 예외로 친다면, 그렇게들 이야기한다.

—— 중앙정보부는 최고 권력자를 제외한 어느 누구도 통제할 수 없는 무소불위의 권력 기관이었고, 국민은 물론 국회의 통제조차 제대로 안 받지 않았나.

 중앙정보부장이 대통령을 쏜 10·26사건 후 한동안 중앙정보부는 보안사에 눌려 지내야 했다.

중앙정보부는 참으로 방대했고 '정부 밖의 정부'라는 이야기를 듣는 특이한 권력이었다. 이 무소불위의 특이한 권력의 정점에 있는 중앙정보부장은 전부 군 출신이었다. 여기서 전 국민을 감시한다는 이야기를 1960년대에도 많이 들었고, 특히 유신 시대에 많이 들었다. 그리고 민청학련 사건과 인혁당 재건위 사건을 비롯해 수많은 사건을 조작해서 터뜨렸다.

그런데 중앙정보부는 예산에 대해 자유로운 곳이었다. 이게 아주 무서운 권한이었다. 중앙정보부 예산이 얼마인지 일반인한테 공개가 오랫동안 안 됐다. 그래서 그것의 상당 부분은 정치 자금으로 들어가는 것 아니냐는 지적이 자주 나왔다. 그걸 축소해야 한다는 이야기도 1980년대부터 끊임없이 나왔다. 유신 시대 초기에 데모할 때 제일 강한 구호가 뭐였냐 하면 "중앙정보부 혁파하라"였다.

어쨌건 중앙정보부는 이렇게 강한 힘을 발휘하며 민주공화당이라는 거대 여당을 만들어냈다. 최고회의의 일부 구성원은 자신들이 권력의 실세라고 생각하고 있었는데, 실제로는 소외됐다는 게 나중에 드러난다. 그래서 최고회의 내에서 중앙정보부 문제를 둘러싸고 김종필 쪽과 대판 싸움이 벌어진다. 아주 난장판이 벌어지고 하면서 민정 이양기에 여러 차례 풍파를 겪게 된다.

경제 논리 무시한 군부 정권,
경제난만 가중했다

민정 이양, 두 번째 마당

김 덕 련 5·16쿠데타 세력은 악습을 바로잡겠다며 재건 국민 운동을 전개했다. 구체적으로 어떤 활동을 했나.

서 중 석 최고회의를 최고 통치 기관으로 한 군사 정권에서 첫 번째 중요 활동으로 내건 것이 재건 국민 운동이다. 그건 이들의 정치 이념으로도 볼 수 있고, 5·16쿠데타를 왜 일으켰느냐에 대해 '우리가 이런 의욕을 가지고 있었다'는 걸 잘 보여주는 것이라고도 볼 수 있다. 재건국민운동본부도 최고회의의 6개 직속 기관 중 하나였다. 1961년 6월 10일 중앙정보부법을 공포하면서, 유진오를 본부장으로 해서 재건국민운동본부도 바로 만들어냈다. 그러니까 굉장히 빨리, 쿠데타 정권이 '우리는 이렇게 하겠다'는 것을 보여준 대표적인 기구가 이것이라고 이야기할 수 있다.

재건 국민 운동에 관한 법률을 보면, 이 운동에서 무엇을 할 것인가가 잘 드러나 있다. "전 국민이 청신한 기풍을 배양하고 신생활 체제를 견지하며 반공 이념을 확고히 하기 위하여", 이렇게 돼 있다. 그 첫 번째로 용공 중립 사상의 배격을, 두 번째로 내핍 생활을 들고 있다. 국민 체위 향상도 마지막 번에 들어 있다. 그런 다각도 활동을 하는데 그야말로 국민 운동을 벌이겠다는 걸로 이야기할 수 있다.

재건 국민 운동과 관련해 논란이 좀 됐다. 우리가 중학교 때 재건국민운동본부에서 하라고 한 재건 체조를 열심히 했는데, 한 신문이 사설에서 이건 일제 말기의 라디오 보건 체조를 그대로 본뜬 것이 아니냐고 꼬집었다. 신생활복(재건복)은 일제 말의 국민복을 그대로 본뜬 것이고, 재건순보再建旬報라는 건 일제 말의 주보를 연상하게 하고, 국민 가요는 말 그대로 일제 말의 국민 가요를 연상케

신생활복 패션쇼. 이 신생활복은 일종의 '몸뻬' 스타일이었다. 사진 출처: e영상역사관

한다면서 이 신문은 '너무 창의성이 부족하다'고 이야기했다.

　　그만큼 이 사람들이 아는 것이 일제 말의 그런 방식밖에 없었기 때문에 이런 일이 일어났다고 볼 수가 있다. 예컨대 여성에게 신생활복을 입게 했는데, 이 신생활복은 일종의 '몸뻬'라고 볼 수 있다. '몸뻬'라는 말을 요즘 젊은 사람들은 잘 모르고 세상에 이런 옷을 입느냐고 하겠지만, 그 당시 여성 신생활복 사진을 한 번 봐라. 사실은 그 당시 '일류 여고'라고 불리던 아무개 여고의 교복도 다 '몸뻬' 스타일이었다. 저 '몸뻬' 스타일이 언제, 어떻게 생긴 건지, 그때 서울에 와서 고등학교를 다니면서 난 참 궁금하게 여겼다. 이건 일본 에도 시대(도쿠가와 막부 시대, 1603~1867)에 농촌 노동복이었는데, 일제 말 전시 체제에서 여성들에게 근로 동원에 편리한 활동복으로 입게 했다. 노동을 시키는 데 아주 좋았기 때문이다. 방공

연습용 비상복으로도 이게 좋다고 해서 이런 옷을 입게 했다.

─ 이 시기 사진을 보면 쿠데타 세력이 여배우들을 동원해 거리
　에서 재건 국민 운동을 홍보하는 모습도 나온다. 그만큼 집중
　적으로, 그리고 대대적으로 펼친 건 다른 목적이 있었기 때문
　아닌가.

재건국민운동본부 조직이 1961년 6월 발표될 때 서울특별시와
각 도에 지부를 설치하고 구, 군, 시, 읍, 면, 동, 통, 반에도 지구地區
재건운동촉진회 등 각 기관을 둔다고 돼 있었다. 그러니 얼마나 방
대한 것을 꿈꾸고 있었던 건가. 일제 말 독일, 이탈리아와 함께 추
축을 형성(추축국), 공산당을 막기 위해 각 도에 방공협회를 두고 그
아래에 250개 지부와 1,789개의 단團(또는 부部)을 뒀던 조선방공협
회와 비슷하게 규모가 엄청난 거대 기구였다. 이것 자체가 전체주
의 냄새가 나는 것 아니냐, 군인들이니까 이런 짓을 하는 것 아니냐
는 이야기를 듣고 그랬다.

1962년에는 50만 명이나 되는 요원이 있고 360만 명이나 되는
청년·부녀회원을 가지고 있다고 돼 있었다. 이승만 정권 초기에 국
민회를 비롯한 여러 조직을 만들면서 이승만이 총재를 하고 그러지
않았나. 파시즘적인 두령 조직이라고 내가 책에서 썼는데, 그것과
비슷한 새로운 조직이 나타난 것이다.

그래서 사람들은 이걸 액면 그대로 생각한 것이 아니라, 정치
조직으로 이용하려는 것 아니냐는 이야기를 했다. 그 당시 군정 하
에서는 정치 활동이 전부 금지돼 정치 단체도 있을 수가 없지 않았
나.˚ 그러나 민주공화당은 이미 중앙정보부 밀실에서 사전 조직되

고 있었다. 이렇게 방대한 재건국민운동본부와 그 지부도 정치 조직으로 바뀔 것이라고 본 것이다.

특히 유달영 서울대 농대 교수가 1961년 9월 새 본부장으로 취임하면서 중앙위원회 위원들을 임명하는데, '중앙위원의 3분의 1 정도를 구舊정치인 중에서 선정할 것이다'라고 말한 것이 보도됐다. 그래서 '이건 뭐냐', 이런 비난을 아주 많이 들었다. 나중에 자유당 구정치인 상당수가 공화당으로 가게 되는데, 하여튼 이것이 정치 조직화할 것이라는 우려를 계속 낳고 있었다.

당시 정치 활동을 1963년 정초부터 허용할 것이라고 예상하고 있었는데, 그걸 반년 넘게 앞두고 있던 1962년 5월 초에 최고회의는 이미 360만 명을 확보하고 있는 청년회, 부녀회를 배가하라는 지시 각서를 재건국민운동본부에 냈다. 뭣 때문에 이러느냐 해서 이런 것도 정치 세력화 문제 또는 정치 조직화에 이용당하는 것과 관련 있다는 비판을 계속해서 받았다. 재건국민운동본부는 나중에 김종필하고 대립하던 오월동지회라는 다른 정치 조직에 잠식된다. 하여튼 이렇게 군인들이 생각한 건 권력, 그것도 전국을 촘촘히 엮는 거대 권력이었다.

안 하느니만 못한 결과 낳은
고리채 정리 사업

── 쿠데타 세력이 스스로 내세운 '혁명 공약'을 잘 이행했는지도

● 1961년 5월 22일, 최고회의는 23일을 기해 모든 정당과 사회단체를 해제한다고 발표했다.

짚어볼 필요가 있다. 그중 하나가 경제 문제다. 경제 분야에서 쿠데타 세력은 어떤 모습을 보였나.

쿠데타 세력은 "기아선상에서 허덕이는 민생고를 시급히 해결"한다는 걸 '혁명 공약'의 하나로 내세우지 않았나. 그런 면을 보여줌과 동시에 쿠데타 세력의 대표적인 경제 정책이라고 볼 수 있는 것이 농어촌 고리채 정리라는 것이다. 그만큼 빨랐다. 1961년 5월 25일에 이미 농어촌 고리채 정리령을 발표했다. 적어도 김종필 같은 쿠데타 주동자들이 '쿠데타에 성공하면 뭘 할 것인가'에서 가장 구체적으로 생각하고 있었던 것이 재건 국민 운동 같은 것하고 농어촌 고리채 정리를 하자는 것 아니었겠나.

당시 빈농들은 봄만 되면 춘궁기에 굉장히 어렵게 살았다. 봄에 장리쌀을 얻어 쓰면 가을에 수확을 한 후 그것의 배로 갚아야 했다. 사채 금리가 100퍼센트를 넘기도 할 정도로 높았다. 이건 5·16쿠데타 이후에 생긴 것이 아니다. 일제 시기에도 농민들이 고리채 때문에 죽어났고, 1950년대에도 내내 있었던 현상이다. 그래서 조봉암의 진보당도 '집권하면 농어촌 고리채 정리를 하겠다'는 것을 중요 공약으로 내세웠다. 자유당 역시 '우리도 농어촌 고리채 정리를 어떤 식으로든 하겠다'는 걸 여러 번 내걸기는 한다. 그러나 자유당은 제대로 시행하려는 의지를 보이지 않았다. 민주당 정부도 이 문제를 심각하게 생각하고 있었지만 구체적인 해법을 제시하지는 못한 상태였다. 그런데 5·16쿠데타 정권은 5월 25일에 바로 정리령을 냈으니까 굉장히 의욕적으로 이 문제에 임한 것으로 볼 수 있다.

고리채 정리령의 핵심은 연 이율 2할(20퍼센트)을 초과하는 채

1961년 8월 5일 농어촌 고리채 정리 사업 모습. 고리채 정리 사업에 대한 쿠데타 세력의 의욕은 대단히 강했으나 제대로 된 성과는 거두지 못했다. 사진 출처: 국가기록원

무에 대한 채권 행사를 다 정지한 것이다. 이건 그 당시 채무의 대부분이라도 해도 좋다. 특별한 경우를 빼놓고는 연 2할 이하는 없던 때였다. 그런 다음에 고리채를 농어민들이 신고하면 관계 기관에서 심사해 일정한 기간 동안 변제 정리를 하게 하는 방식으로 처리하겠다는 것이었다.° 그러나 고리채 정리 사업은, 박정희 최고회

● 1961년 6월 10일 공포된 농어촌 고리채 정리법에서는 고리채의 기준이 연 이율 20퍼센트에서 12퍼센트로 낮아진다.

의 의장도 이야기한 것처럼, 의욕은 대단히 강했으나 제대로 된 성과는 거두지 못했다.

── 왜 그렇게 됐나.

고리채를 얻어 쓰지 않으면 안 되는 농촌 현실을 외면한 채 고리채 정리 사업을 했기 때문이다. 더 중요한 건 농업 정책이라든가 금융 정책을 개혁하면서 고리채를 신고하도록 한 것이 아니라는 점이다. 농업 정책이나 금융 정책으로 뒷받침하지는 않으면서 '우선 고리채를 신고해라. 빚 갚는 부담을 덜어주겠다', 이렇게 한 것이었다.

빚을 얻어 쓴 농민들로선 당장은 좋았다. 그렇지만 조금 지나자 문제가 생겼다. 정부가 농민을 위한 어떤 금융 정책을 쓴 것도, 새로운 곡가 정책을 쓴 것도 아니어서 농민은 아주 빈곤한 상태에서 벗어날 수 없었다. 할 수 없이 다시 빚을 얻어 써야 하는데 빚을 내기가 어려웠다. 이제는 빚을 안 주는 것이다. 그러면 농민들은 굶어 죽어야 하는 상황에 놓이는 건데, 그런 상태를 만들어버린 것이다. 빚을 다시 얻어 쓸 수밖에 없는 역효과를 크게 낳은 건 물론이고 농촌 사회를 아주 불신 사회로 만드는 식이 돼버렸다.

군부 정권이 농민에게 융자해줄 의도나 능력이 없으면서 갑자기 고리채 정리령을 내린 것이다. 외국 농산물 수입이라든가 저곡가 정책을 전반적으로 전환하고 새로운 중농 정책을 써야만 고리채 정리가 성과를 거둘 수 있었는데, 그렇게 되지 못했다. 농촌이 변하는 건 저곡가 정책이 이중 곡가제로 바뀌어 정착하는 1970년대에 가서다. 그전엔 농촌 사회가 매우 힘들었다.°

—— 의도와 달리 안 하느니만 못한 결과가 나온 셈 아닌가.

결과적으로 안 하느니만 못한 꼴이 되지 않았느냐, 농촌을 불신 사회로 만들어 빚을 얻어 쓰기가 더 어렵게 만든 것 아니냐는 비판을 1961년, 1962년에 무수히 들었다. 당국자들도 이걸 시인하고 그랬다.

용두사미로 끝난 부정 축재자 처리,
재벌 지형도를 바꾸다

—— 4월혁명 후 경제 영역에서 대두된 것 중 하나가 부정 축재자 처리 문제였다. 부정 축재자를 엄벌하라는 목소리가 여전히 높던 때, 5·16쿠데타 세력은 이 문제에 어떤 태도를 취했나.

또 하나의 경제 정책이자 정치 문제이기도 했던 것이 바로 부정 축재자 처리 문제였다. 4월혁명이 성공하면서 이 문제가 강하게 제기됐다. 장면 정부가 다른 혁명 입법에도 소홀했고 부정 선거 원흉 처단 같은 것도 철저하게 했다고 볼 수가 없지만, 이 부정 축재자 처리에는 사실 힘을 제대로 못 썼다.

그런데 쿠데타 정권은 '우리는 부정 축재자 처리를 잘해보겠

● 이중 곡가제는 정부가 쌀을 비롯한 곡식을 시장 가격보다 높은 가격으로 수매한 다음 시중에는 그보다 낮은 가격에 판매한 제도다. 이는 1970년대 농촌 소득 증대에 도움이 됐다. 그러나 1970년대 농촌에서는 소득보다 빚이 더 빠르게 늘었다. 1970년부터 1980년까지 호당 농가 소득은 약 10.5배로 늘었지만, 빚은 약 21배로 증가했다.

다'고 아주 강하게 주장했다. 1961년 5월 28일 최고회의는 부정 축재 처리 대상이 누구다 하는 명단을 발표했다. 그러면서 부정 축재 처리 대상자를 구속했다. 최고 재벌이라고 하던 이병철(당시 삼성물산 사장)은 일본에 있다가 그해 6월 26일 귀국하게 된다. 이병철은 '국가에 전 재산을 바치겠다'는 각서를 박정희 의장에게 보냈다. 삼호 재벌 총수 정재호를 비롯해 부정 축재자로 구속된 다른 재벌 총수들도 거기에 따라서 했다. 전 재산을 헌납하겠다고 한 것이다.

— 장면 정권과 마찬가지로 쿠데타 세력도 실제로는 부정 축재자 문제를 제대로 처리하지 않지 않나.

이것에 대해서도 논란이 많았다. 부정 축재 처리 위원회는 6월 30일, 재산 헌납 각서와 재산 목록을 제출하면 즉시 구속을 해제한다고 발표했다. 8월 2일에는 일반 기업주 부정 축재자 58명에 대한 심사 결과를 발표했다. 이병철 240억 환, 정재호 100억 환, 이런 식으로 해서 총 831억 2,400만 환의 부정 축재액을 대상자들에게 통보했다. 이게 좀 많다고 생각했는지 그 후 반절 정도로 줄였다. 8월 13일, 부정 축재 처리 위원회는 일반 기업주 부정 축재자 27명의 부

이병철은 귀국 직후 호텔에 연금됐다. 6월 27일 박정희 의장을 만난 이병철은 기업주 중 1등부터 12등까지를 부정 축재자로 추려 그들만 구속한 건 잘못이라고 말했다. 노력했기 때문에 12등 안에 든 것이며, 잡아가려면 기업인을 모두 잡아가야 공평한 일이라는 주장이었다. 세금을 내는 기업인을 다 처벌하면 경제를 할 사람이 없어진다는 이야기도 했다. 이병철의 호텔 연금은 4일 만에 풀렸고, 감옥에 있던 다른 부정 축재 기업주들도 석방됐다. 힘으로 권력을 잡은 쿠데타 세력이 부정 축재를 한 기업주들을 엄벌하는 대신, 권력 유지와 경제 성장을 위해 재벌과 결탁하는 길을 택한 것이다. 풀려난 부정 축재 기업주들은 7월 17일 경제재건촉진회라는 단체를 결성했다. 8월 16일 한국경제인협회로 이름을 바꾼 이 단체가 오늘날 전국경제인연합회(전경련, 초대 회장 이병철)이다.

정 축재액을 477억 1,000만 환으로 확정했다고 발표했다. 이 중 이병철의 몫은 103억 400만 환으로 줄어들었다.°°

부정 축재 처리 문제는 10월에 들어 새로운 전기를 맞이했다. 최고회의 공보실에서 '부정 축재 처리 위원회에 문제가 있어서 관계자들을 상당수 구속했다'고 발표했다. 이유는 뭐냐 하면, 설경동(대한방직)이라든가 이양구(동양시멘트) 같은 사람들을 이 위원회에서 봐줬다는 것이다. 많은 사람이 이걸 함경도계와 영남계의 권력 싸움으로 해석했다. 당시 월남한 사람들이 재계에서도 중요한 위치에 많이 있었다. 최고회의 내에도 함경도파라고 불리던 함경도 출신 군인이 많았다. 함경도 재벌과 함께 영남 재벌이 당시 기업계를 좌지우지했다고 볼 수 있는데, 이때 구속된 부정 축재 처리 위원회 조사단원들은 함경도 쪽이었다. 이 조치를 계기로 한국 기업은 영남 기업 중심으로 편성된다고 보고 있다.

1961년 10월 26일에는 부정 축재 처리법 중 개정 법률이라는 것을 공포하게 되는데 이게 실질적으로 부정 축재 처리의 결론이라고 볼 수 있다. 대상자들이 공장을 건설해 그 주식을 납부하면 부정 축재 통고액을 대신할 수 있다는 것이다. 이건 뭘 이야기하느냐 하면, 정부가 보증해가지고 차관을 도입해 공장을 건설하게 해서 그 주식으로 납부하게끔 하는 것이었다. 1950년대식 재벌들이 새로운 세계적 기업으로 성장하는 데 이것이 하나의 전기를 이루고 기폭제가 됐다는 이야기들을 한다. 수입 무역상에 지나지 않던 기업인들이 세계 산업 자본들과 거래를 안 할 수가 없게 됐고, 직접적인 플

°° 1961년 12월 31일 동아일보는 이병철에게 통고된 부정 축재 최종 확정 금액이 80억 환으로 줄었다고 보도했다.

랜트 거래도 하게 되는 것이다. 국내 어떤 다른 기업들보다 새로운 기업으로 성장하는 것이 가능하게 된 여건을 마련해준 것이다.

물론 1950년대 정신 상태에서 벗어나지 못한 일부 재벌은 탈락했다. 그러나 이걸 전기로 영남 재벌 중심으로 새로운 재벌들이 생겨나게 된다. 이 재벌들은, 그전에도 그랬지만 정경유착이 아주 심하고 문어발식 경영, 족벌 경영을 하는 특색을 갖게 된다. 부정 축재자 처리 문제가 이러한 새로운 재벌 탄생의 계기가 됐다고들 이야기한다.

한은 총재도, 경제기획원 장관도 몰랐던
주먹구구식 화폐 개혁

—— 이 시기 경제를 뒤흔든 또 하나의 사건이 바로 화폐 개혁이다. 화폐 개혁은 어떻게 전개됐나.

고리채 정리, 부정 축재자 처리와 함께 5·16쿠데타 세력의 대표적인 경제 정책이 화폐 개혁이다. 일제 때는 조선은행에서 엔화를 찍어냈다. 그 엔 화폐가 해방 직후 몇 년간 통용됐다. 당장 새로운 걸 만들어낼 여건이 안 됐던가 보더라. 그러다가 우리 화폐로 바뀌지만 이름 자체는 엔하고 똑같은 한문을 쓰는 원圓이었다. 이 원을 1953년 2월 100분의 1로 평가 절하를 했다(100원▶1환). 그래서 우리 꼬맹이 때는 환이라는 말을 더 많이 들었고 더 정답다. 100환짜리가 빨강색이었는데 좋았다. 그건 우리한테는 정말 큰돈이었다. 10환짜리, 1환짜리도 있었다.

1962년 6월 10일 시중 은행에서 화폐를 교환하고 있는 시민들. 주먹구구식 화폐 개혁은 처참한 실패로 끝났다. 사진 출처: e영상역사관

그것을 1962년 6월 9일 최고회의에서 10분의 1로 평가 절하를 해서 다시 원화, 이제는 한글로 쓰는 원, 그러니까 지금 우리가 쓰는 돈으로 화폐 개혁을 한 것이다(10환▶1원). 최고회의에서 6월 9일 심야에 갑자기 '10일부터 환화 유통에 의한 거래를 금지하고 새 원화로 교환해준다', 이렇게 발표했다. 그러면서 일정한 액수 이상은, 예금이 대부분 여기 포함될 텐데, 교환해주지 않고 동결하는 방식을 택했다. 이게 유명한 1962년 6월의 화폐 개혁이다.

이 화폐 개혁은 경제를 요동치게 하고 혼란에 빠지게 하는 데 대단히 큰 역할을 했다. 이게 아주 중요하다. 장면 정권은 경제 정책에서 이런 실수를 한 적이 없다. 거듭 강조하지만 장면 정부만 해도 경제를 알고 있었는데, 군인들은 경제가 어떤 것인지를 잘 몰랐다. 군인 식으로만 사고한 것이다.

화폐 개혁 발표가 나오자 상점은 물론 술집도 문을 닫아 하루 벌이로 사는 사람은 쌀을 살 수 없는 상황에 처했다. 경제 혼란이 극심했고 인플레이션을 유발하고 그랬다. 중소기업도 죽을 맛이었다. 예컨대 산하에 1만 7,000개의 잡다한 공장이 있던 중소기업협동조합중앙회는 화폐 개혁을 발표한 6월 9일의 가동을 100으로 한다면 19일에는 가동률이 45퍼센트밖에 안 된다고 얘기했다. 교환 쪽에만 큰 혼란을 일으킨 것이 아니라 제조 쪽에도 엄청난 축소를 가져온 것이다. 무역협회에서는 수출입 업자의 자금 동결을 해제하거나 봉쇄 자금을 담보로 전액 융자하는 방식의 정책으로 바꿔달라고 요구하고 나왔다.

— 화폐 개혁 직후인 1962년 6월 13일 동아일보에 실린 '통화 개혁은 이렇게 꾸며졌다'라는 기사에 홍미로운 대목이 있다. "6·10 경제 혁명은 그 기밀이 완전히 보장되었다는 점에서 볼 때 5·16 군사 혁명보다도 몇 갑절 성공적이었던 것 같다"는 구절이다. 정보가 샌 5·16쿠데타와 달리 화폐 개혁은 보안이 철저했다는 이야기인데, 그 과정을 살피면 이를 긍정적으로만 볼 수 있을지 의문이다. 주먹구구식 화폐 개혁이 처참한 실패로 끝났다는 점에서도 그렇다. 어떻게 보나.

화폐 개혁을 할 때 군인들이 얼마만큼 철통같은 보안을 유지했느냐 하면 경제기획원 장관도, 한국은행 총재도 모르게 진행했고 미국에도 48시간 전에야 통고한 걸로 돼 있다. 문제는 이것이다. 보안이 철저한 것이 중요할지 모르지만 도대체 경제기획원 장관, 한은 총재도 모르는 화폐 개혁을 했다면 사실상 군인들 몇 사람이 한 것 아닌가.[*] 박정희, 그리고 최고회의 재정경제위원으로서 박정희와 함께 이걸 주도한 유원식 같은 사람들이 얼마나 경제에 어두웠는가, 경제에 대해 초보적 수준의 이해에 머물렀는가를 화폐 개혁을 통해 단적으로 보여준 것이다. 미국은 크게 실망하면서 박 정권이 경제 정책에 아주 무능하다고 봤다.

결국 화폐 개혁을 한 지 불과 33일 만인 7월 13일, 예금 동결을 사실상 해제해버렸다. 화폐 개혁을 하나 마나 한 꼴이 된 건데, 한 신문에서는 이렇게 썼다. "이른바 경제통이니 하여, '통'으로 자처하는 그런 자들의 신중치 못한 태도가 나라의 대사를 그릇 이끄는 데 중요한 영향을 끼치고 있다", 이렇게 일침을 가했다. 그러면서 "정부의 귀가 더 널리 트여야겠다", 이렇게 얘기했다.

군인들 몇몇이 경제기획원 장관도, 한국은행 총재도 모르게 자기들끼리 해버린 건데 그건 좋게 해석하면 산업화를 위해 내자內資를 동원하고자 그렇게 했다는 것이다. 이게 안 되니까 외자外資 동원 쪽으로 방향을 바꿔 차관을 들여오는 데 더 집중하게 됐다고들 이야기한다.

내자 동원의 구체적인 목표가 중국인, 그러니까 화교라는 소문이 그 당시에 돌았다. 화교는 지독하게 사람들을 믿지 않아 한국의 은행에는 저금을 안 한다, 마누라도 모르게 베개 밑에 돈을 숨겨놓

● 쿠데타 세력은 화폐 개혁도 군대식으로 밀어붙였다. 자신들이 원하는 밑그림부터 그린 다음 일부 전문가들에게 그 밑그림에 맞는 방안을 은밀히 만들게 했다. 발표 직전에야 통화 개혁 사실을 들은 한국은행 총재는 "통화 개혁의 각종 발표문이 한국은행 총재 이름으로 나가야 할 텐데 나 자신이 이번 통화 개혁에 있어서 일언반구 사전 통고조차 받지 못했으니 나는 허수아비 총재가 아니냐"고 항의했다.

는다는 이야기도 있었다. 그래서 '화교들이 집 안 깊숙이 숨겨둔 환화를 꺼내놓게 하는 길은 바로 화폐 개혁일 것이다', 이런 식으로 군인들이 아주 손쉬운 착상을 한 것이다.

경제를 모르는 상태에서 밀어붙여
재앙 자초한 쿠데타 세력

—— 화교는 이때뿐만 아니라 여러 차례 한국에서 적잖은 시련을 겪지 않나.

근래 나온 어떤 글을 보니 중국인이 한국에 와서 3번 크게 당했다고 한다. 전 세계에서 중국인이 쫓겨나다시피 한 지역은 한국을 빼놓고는 아주 드물다고 하고, 유대인도 못 들어와 사는 데는 한국밖에 없다고들 하지 않나. 그만큼 한국인의 배타성이 강하다고들 한다. 첫 번째 크게 당한 것은 1930년대 초 만보산 사건이 일어나 평양, 인천, 서울 등지에서 화교들이 다수의 군중한테 습격당한 사건이다. 이때 많이 죽었다. 일본인의 이간 작전 때문에 그런 일이 생겼다고 어떤 논문에서 지적하고 있지만, 어쨌건 한국인들이 순식간에 이런 난동을 피운 것이다. 배타적인 짓을 화교들한테 한 것이다.●

● 일제 강점기, 많은 한국인이 농토를 잃고 만주로 이주했다. 일본은 이러한 한국인 농민들과 현지 농민들의 갈등을 부추겨 이를 중국 침략의 빌미로 삼으려 했다. 중국은 한국인 농민들을 일본 침략의 앞잡이로 여기며 경계했다. 그러던 중, 1931년 7월 중국 만주 만보산 일대에서 한국인 농민들과 중국인 농민들이 충돌했다. 일본은 만보산 사건에 관한 허위 과장 정보를 한국인 기자에게 흘렸다. 이것이 조선일보 호외 등에 실리면서 곳곳에서 반중국인 폭동이 일어났다.

두 번째가 이 화폐 개혁 때 중국인들이 당했다고 한다. 세 번째가 1970년대에 화교들이 우리나라를 많이 떠나는데, 그때도 많이 당했다고 한다. 세금이 많이 부과됐다는 소문이 있었다. 화교들한테서 또박또박 세금을 다 받아내 화교들이 견디지 못하게 됐다는 것이다. 화교들은 1990년대 중후반 무렵부터 다시 돌아오게 된다. 사람은 자기가 태어나 자란 땅을 잊지 못하는 법이다. 화교들이 압박 때문에 한국을 떠나야 했지만, 그 압박이 이제는 없다 싶으니까 다시 한국에 돌아와 사업을 하고 그런 것이다.°°

── 일각에서는 미국이 방해해 화폐 개혁이 실패했다고 보기도 한다. 이런 주장, 어떻게 평가하나.

그런 것이 없지 않아 있다. 미국은 엄청나게 화를 냈다. 그러면서 한국의 경제 정책에 상당 기간 잘 협조하지 않았다. 박정희 정권이 더 어려움에 처하게 됐다.°°°

사실 박정희 정권이 화폐 개혁을 한 이유 중 하나는 통화 남발로 통화 발행고가 너무 높아 그걸 흡수할 필요도 있었기 때문이라고도 말한다. 그런데 화폐 정책에 미국이 협조하지 않으면서 외

───

°° 이승만 집권기도 화교들에겐 만만찮은 시절이었다. 1953년 화폐 개혁, 그리고 중국 음식점에 불리한 세율을 적용한 조치 등 때문이다. 박정희 정권 들어서는 1962년 화폐 개혁과 함께 1961년 시행된 외국인 토지 소유 금지법이 화교를 옥죈 대표적인 조치로 꼽힌다.

°°° 통화 개혁 직후 유원식은 주한 미국 대사가 "그 시기가 가장 적절했다"며 통화 개혁에 찬성하는 뜻을 표명했다고 밝혔다. 이것이 언론에 보도되자 주한 미국 대사관은 10일 바로 반박 성명을 냈다. "미국 정부는 통화 개혁에 관해 7일 오후 박정희 의장이 대사에게 알려줬을 때 처음 알았다", "대사는 찬성이나 반대를 한 바가 없고 그 시기에 관해서도 논평한 바 없다"는 것이다.

환 보유액이 급속히 줄어들게 된다고들 이야기하지 않나. 화폐 개혁 이후 미국의 협조를 잘 얻지 못해 경제에 어려움이 쌓인 건 틀림없다.

— 미국 문제를 고려하지 않을 수 없지만, 화폐 개혁의 경우 쿠데타 세력이 경제를 잘 모르는 상태에서 밀어붙였던 게 더 큰 문제 아닌가?

경제 자체가 어떻게 돌아간다는 것을 모르고 군인 식으로 사고한 것이다. '베개 밑에 있다는 중국인 돈도 끌어내고 은행에 있는 자금도 동결해 산업 자금으로 가게 하면 될 것 아니냐. 그러면 통화 증발도 막을 수 있고, 그러면서 산업 자본화해 경제를 발전시킬 것이다', 이렇게 생각했는데 당장 거래가 다 끊겨버린 것이다. 그러면서 과거에 50환을 받고 팔던 물건을 똑같이 50원을 받고 팔려고 했다. 10분의 1로 평가 절하를 했는데, 현실에서는 그런 모습이 나타났다. 인플레이션이 막 일어나고, 공장이 아주 힘들어졌다. 워낙 자금 사정이 좋지 않아 중소기업 중에는 하루 벌어 하루 경영하던 곳이 많던 때인데, 그런 데는 다 죽는 것이었다. 돈이 안 돌았기 때문이다. 이렇게 경제에서 너무나 큰 잘못을 저질렀다.

'혁명 재판'의 반혁명성
쿠데타 권력의 발가벗은 모습

민정 이양, 세 번째 마당

김 덕 련 4월혁명 후 활발하게 전개되던 통일 운동, 한국전쟁 전후 민간인 학살 진상 규명 운동, 노동 운동 등은 5·16쿠데타 후 된서리를 맞았다. 쿠데타 세력의 이런 행태, 어떻게 보나.

서 중 석 쿠데타 정권의 정책 실패를 가장 잘 보여주는 것이 경제 정책이라고 본다면, 쿠데타 정권의 반혁명적 성격을 제일 잘 보여주는 것이 반혁명 사건이라고 이야기할 수 있다. 반혁명 사건은 5·16쿠데타의 존재 이유를 드러내는 것이기도 하다.

쿠데타가 일어나자마자 좌익 혐의를 받는 사람들을 검거하기 시작했다. 쿠데타가 난 지 일주일도 안 돼 2,014명을 검거했고, 얼마 지나지 않아 3,500명이 되고 하는 식으로 그 숫자가 늘어난다. '앞으로 쿠데타 같은 반혁명적인 큰 사건이 일어나면 비판적인 세력은 조심해야 한다', 이게 이런 일 때문에 생긴 것이다. 여차하면 잡혀 들어가서 되게 당할 수 있다는 것이다.

1961년 6월 22일, 최고회의는 특수 범죄 처벌에 관한 특별법이라는 걸 소급 입법했다. 이 특별법에서 제일 문제가 되는 조항이 바로 제6조다. 제6조는 정당, 사회단체의 주요 간부가 반국가 단체나 그 구성원의 활동을 찬양, 고무, 동조하는 행위를 하면 사형, 무기 징역 또는 10년 이상의 징역에 처한다는 것이었다. 그걸 가지고 혁신계 인사, 한국전쟁 전후 집단 학살의 진상 규명을 요구한 피학살자 유족회 간부 등을 잡아들이고 중형을 선고했다. 반국가 단체의 활동을 찬양, 고무, 동조하는 행위로 몰아붙여서 정당, 사회단체의 주요 간부를 처형하고 처단한 것이다.°

이런 소급 입법을 가지고 '혁명 재판부'는 민족일보 사건에서 사장인 조용수와 송지영, 안신규에게 사형을 선고하고, 이상두에

민족일보 사건 재판 광경. '혁명 재판부'는 민족일보 사건에서 사장인 조용수와 송지영, 안신규에게 사형을 선고하고, 이상두에게는 징역 15년형, 양수정과 이건호에게는 구형량보다 많은 징역 10년형을 부과했다. 사진 출처: 국가기록원

게는 징역 15년형, 양수정과 이건호에게는 구형량보다 많은 징역 10년형을 부과했다.°° 통일사회당으로는 윤길중에게 15년형을 선고한 것을 비롯해 김성숙, 이동화, 정화암 등에게도 중형을 내렸다. 혁신당에 대해서는 79세 장건상한테 5년형을 때리고, 사회대중당의 김달호에게도 15년형을 때렸다. 교원 노조 간부들에게도 중형을

● 이 특별법은 3년 6개월까지 소급 적용하도록 규정돼 있었다. 5·16쿠데타 세력은 같은 해 7월 3일 반공법도 만들었다. 박정희 정권은 눈에 거슬리는 이들을 탄압할 때 국가보안법과 함께 반공법을 애용했다.

●● 무리하게 엮어 중형을 선고한 이날 법정의 풍경을 1961년 8월 28일 자 경향신문은 이렇게 전했다. "법정 안은 온통 울부짖음에 싸여 재판장의 주문이 들리지 않았다." 그 후 송지영과 안신규는 무기 징역으로 감형됐다.

선고했다. 이수병과 류근일이 15년형을 받는 등 학생들에게도 중형이 선고됐다.

독립과 분단 해소에 헌신한 이들을
반국가 범죄자 취급한 나라

── '5·16은 4·19의 계승'이라는 일각의 주장을 다시 한 번 무색하게 하는 대목 아닌가.

5·16 군부 쿠데타를 일으킨 박정희나 김종필 같은 사람들은 자신들이 민족주의자라고 주장했다. 혁신계의 이른바 특수 반국가 행위에 대한 처벌 같은 것을 보면, 도대체 어떻게 그런 주장을 할 수 있나 하는 의문이 강하게 든다. 분단국가에서 제일 중요한 민족주의 활동은 통일 운동으로 볼 수 있다. 그러한 통일 운동 세력을 아주 철저히 처단한 것이 바로 이 '혁명 재판소'다. 그 가운데엔 마지막으로 남아 있던, 독립 운동을 했던 분들도 여러 명 포함돼 있다. 장건상과 김성숙, 이분들은 임시정부 국무위원이었다. 이런 혁신계, 진보적인 학생들, 그리고 노동 운동을 한 사람들 중에서도 특히 교원 노조에 관련된 사람들을 잡아들여 중형을 내린 것은 5·16 쿠데타를 일으킨 사람들의 성격을 잘 보여준다.

더 기가 막힌 건 특수 범죄 처벌에 관한 특별법으로 처벌한 죄목이 크게 6개인데 밀수, 부정 선거, 조직 폭력 등도 여기에 포함돼 있다는 것이다. 통일 운동, 민간인 집단 학살 진상 규명 운동 등을 다른 죄목도 아니고 특수 반국가 행위로 처벌한 것 자체가 말도 안 되는, 그야말로 언어도단의 행태이지만 그 통일 운동, 민간인 집단 학살 진상 규명 운동 등을 부정 선거, 밀수 등과 동급으로 취급한다는 것도 도대체가 말이 안 되는 일이다. 독립 운동을 하고 통일 운동을 한 사람들에게 특수 반국가 행위자라는 딱지를 붙인 건, 정말 국가라는 게 뭐냐 하는 걸 다시 한 번 생각하게 만든다. 더구나 박정희 같은 사람은 《친일인명사전》에 오른 친일 행위자이고 남로당 프락치였는데, 통일 운동을 한 사람 등을 그런 식으로 몰아붙였다는 건 잘못돼도 아주 잘못된 일이었다. 미군정 때 악질 친일 경찰이 독립 운동가를 잡아 가두고 고문했는데, 그와 비슷한 일이 또다시 일어난 것 아니냐는 생각을 떨쳐버리기 힘들다. 5·16쿠데타 후 그처럼 말도 안 되는 방식으로 처벌을 받은 이들이 21세기에 들어와 재심을 청구해 무죄 판결을 받은 것은 너무나 당연한 사리였다.

— 통일 운동 등을 한 사람들을 가혹하게 처벌한 5·16쿠데타 세력은 1960년 3·15 부정 선거에 앞장선 자들에게는 어떤 처분을 내렸나.

몇 가지를 통해 5·16쿠데타 세력의 성격을 더 확연하게 살펴볼 수가 있다. 소위 '혁명 재판'으로 처단된 사람들 중에는 부정 선거 원흉, 당시에 '원흉'이라고 불렸고 신문에서도 그렇게 쓴 이 사람들과 1960년 4월 19일 경무대 앞 학살 관련자들도 있었다. 그런데 '혁명 검찰부'에서 수리한 사건을 보면 특수 반국가 행위 사건은 225건, 608명이다. 주로 혁신계와 유족회를 겨냥한 건데, '혁명 검찰부'에서 수리한 사건의 전체 인원 1,474명의 41.3퍼센트나 차지하고 있다. 반면 3·15 부정 선거 원흉들은 163건, 396명이 수리됐을 뿐으로 그 수가 훨씬 적은 것을 볼 수 있다. 또 '혁명 재판소'에서 처리한 것을 보더라도 부정 선거 원흉은 69명이 유기 징역을 받았고 4명이 무기 징역, 6명이 사형 선고를 받았는데, 특수 반국가 행위자로 지목된 이들은 통일 운동을 했다는 등의 죄목으로 125명이 유기 징역을 받았다. 69명의 거의 두 배다. 그리고 3명이 무기 징역, 5명이 사형 선고를 받았다.

문제는 이렇게 형을 받은 데에만 있는 것이 아니다. 그 후 이 사람들을 처리한 것을 보면, 부정 선거 원흉이나 경무대 앞 발포 사건 관련자 등은 석방이 빨랐는데 혁신 세력은 석방이 거의 안 됐다. 예컨대 1962년 12월 24일에 자유당에서 이기붕 다음 가는 간부였던 이재학(전 국회 부의장)이라든가 신현확 전 장관 등이 가석방된다. 1963년 5·16 특사로 자유당 중요 간부이던 임철호(전 국회 부의장)나 송인상 장관도 석방되고 그 뒤에 홍진기 내무부 장관도 석방된다. 이런 식으로 자유당 관련자들은, 사형이 집행된 최인규와 곽영주 등을 제외하면, 부정 선거 원흉이건 발포 사건 핵심 인물로 처벌을 받은 사람이건 거의 다 빠른 시일 내에 석방된다. 무기 징역이나 사형 선고를 받은 사람들도 마찬가지였다. 이와 달리 혁신계 대다수는 거의 다 그렇게 되지 않았다. 학생으로 15년형을 받은 이수병과 류근일, 이 두 사람도 1968년에 가서야 석방됐다.

부정 선거 원흉들은 5·16쿠데타 주모자들과 마찬가지로 극우였다. 혁신계의 경우, 좌파는 한국전쟁을 통해 거의 다 걸러졌기 때문에 우익 또는 중도 우파로 볼 만했다. 혁신계의 대표 격인 통일사회당(통사당) 간부들도 우파, 기껏해야 중도 우파였다. 박정희 등 군부 정권이 부정 선거 원흉보다 혁신계를 더 가혹하게 탄압한 것은 자신들의 정체성을 스스로 폭로한 행위이기도 하지만, 박정희 정권

3·15 부정 선거 관련 '혁명 재판' 광경. 사진 출처: 국가기록원

아래에서 정치 지형이 얼마나 협애하고 편협할 것인가를, 그리고 그것이 그 이후에도 얼마나 나쁜 영향을 끼칠 것인가를 내다보게 했다.

— 이수병과 류근일은 그 후 전혀 다른 삶을 살아가지 않나. 이수병은 1974년에 터진 인혁당 재건위 사건에 엮여 억울하게 목숨을 잃는다. 박근혜 대통령이 대선 후보 시절 '두 개의 대법원 판결'을 이야기해 큰 논란을 일으켰던 바로 ㄱ 사건이다. 이와 달리 1961년 서울대 민통련 대의원 총회 의장을 맡았던 류근일은 7년여의 수감 생활 후 조선일보를 대표하는 인물 중 하나로 살아갔다.

이수병 이 양반은 1975년에 다른 인혁당 재건위 사건 관계자, 민청학련 사건 관련자 7명과 함께 사형을 당했다. 앞에서 이정재가 희생양으로 사형당한 사실을 얘기했지만, 혁신계의 조용수 등도 희생양으로 사형당했다. 그와 똑같이 이수병 등 8명은 유신 체제를 강화하기 위한 박정희 유신 독재의 희생양으로 사형당했다. 류근일도 과거의 경력 때문에 민청학련 사건에 걸렸을 때 중형을 선고받지만, 10개월 만에 석방됐다.ˀ 그때 박정희한테 여차하면 크게 당할 수 있다는 이야기를 여러 번 했다. 5·16쿠데타 권력이 한 짓을 생각하면 그런 생각이 들 만했다. 사실 군사 정권은 꼭 몇 사람을 희생양으로 죽이거나, 그렇지 않으면 감옥소에 남겨놓고는 했다. 혁신계 중 많은 사람이 1968년까지 감옥소에 있고 그랬다. 학생 같은 경우 이수병하고 류근일이 중형을 받고 감옥소에 남았는데, 그럴 이유가 없었다. 이렇게 군사 정권은 본보기로 사형에 처하기도 했지만, 또 본보기로 일부를 감옥소에 오랫동안 남겨두기도 했다.

—— 쿠데타 세력이 처형한 이들의 면면을 봐도 형평성에 문제가 있었다는 생각이 든다. 어떻게 보나.

군사 정권이 '혁명 재판' 같은 걸로 죽인 사람 중 이야기가 많이 되는 게 조용수, 최백근, 최인규, 이정재, 임화수, 곽영주, 이렇게 6명이라고 전에 이야기하지 않았나. 여기서 끈 떨어지고 힘없는 처지가 된 세 사람, 즉 이정재, 임화수, 곽영주를 빼면 조용수, 최백근, 최인규 셋이 남는다. 혁신계로 두 명이나 처형을 당한 것이다.

• 류근일은 1974년 민청학련 사건의 배후로 구속됐다.

최인규는 혁신계를 두 명이나 희생양으로 처형하는 마당에 자유당 간부 그리고 이승만 정권의 장관들 중 부정 선거 또는 발포 명령을 비롯한 모든 것에 대한 책임을 물어 최소한 한 명은 처형해야 한다는 것에 의해 처형된 것으로 본다. 최인규의 경우도 과연 이게 법치주의에 맞게 처형된 것인가, 그렇지 않고 정치적인 희생양으로 처리된 건가 하는 부분을 생각해봐야 한다.

조용수라든가 여러 혁신계 인사를 보면 나중에 재심을 청구해 다시 재판을 받은 경우 무죄 판결을 받는 걸 볼 수 있다. 예컨대 사형당한 조용수, 이 사람은 2008년 재심에서 무죄 판결을 받았다. 법원은 '특수 범죄 처벌에 관한 특별법은 소급효 금지 원칙에 정면으로 위배되고 또 정당, 사회단체의 주요 간부라는 이유로 처벌하는 것은 차별 금지 원칙에 위배되며 반국가 단체의 활동을 찬양, 고무, 동조했다고 볼 수 없어 무죄다'라고 판결했다. 이것 말고도 법원에서 수많은 재심 판결을 했는데, 다라고 해도 좋을 정도로 제6조와 관련해서는 무죄 판결을 받았다. 전부 정치적인 재판이었다는 게 2000년대 들어 법원에 의해 확연히 드러난 것이다. 그러나 이정재, 임화수, 곽영주 이 사람들의 경우 재심 청구를 했다는 이야기를 지금까지 못 들었다.

쿠데타 세력의 본질을
적나라하게 드러낸 제2의 학살

— 민간인 학살의 진상을 밝히려던 이들도 5·16쿠데타 후 가혹하게 당하지 않았나.

1960년 거창 학살 희생자 유족들이 조성한 합동묘. 5·16쿠데타가 일어나면서 주민 집단 학살 사건의 진상 규명, 피해자 명예 회복 운동을 펼친 사람들이 오히려 혹독한 탄압을 받았다.

이런 사건 못지않게 쿠데타 세력의 성격을 확연하게 알 수 있게 해주는 것이 피학살자 유족회 문제다. 한국전쟁을 전후해 주민 집단 학살로 수많은 사람이 학살을 당했는데, 4월혁명 이후 거창을 비롯한 여러 지역에서 유족회를 만들지 않았나. 그때 경상도를 중심으로 해서 유족회가 아주 많이 생겼다. 10여 군데 있었다. 그런데 5·16쿠데타가 일어나면서 주민 집단 학살 사건의 진상 규명, 피해자 명예 회복 운동을 펼친 사람들이 혹독한 탄압을 받는다. 유족회 관계자가 대거 구속됐다. 그러면서 거창, 김해, 진영, 제주 등 여러 지역의 피학살자 합동 분묘를 파헤치는 걸 볼 수 있다. 그 안에 있는 유골 상자를 부수고, 정으로 위령비를 쪼아서 버려버리는 무도한 행태를 자행했다. 한국인은 특히 고인을 추모하는 마음이 강한데, 한국전쟁을 전후한 시기에 집단 학살을 한 것에 더해 합동 분묘와 위령비마저 파괴하는 비인간적, 반인륜적 행위를 저지른 것이다.

그래서 제2의 학살이라고 부른다. '경상남북도 피학살자 유족회' 이원식은 사형 선고를 받았고 노현섭은 무기 징역을 받고 그랬다. 많은 유족회 관계자들이 재판에서 징역형을 받았다. 그리고 학살을 주도하거나 그 학살에 가담했던 군인, 경찰들에게 '혁명 재판'에서 면죄부를 명백히 부여한다. 그런 것을 통해 쿠데타 세력이 학살에 가담한 군인, 경찰들과 동류의식을 보여준 것이 아니냐는 비판을 받는다.

　　제2의 학살은 한국 사회에 큰 영향을 줬다. 혁신계에 대한 대량 재판과 처단은 혁신계를 전멸시키다시피 했다. 그래서 진보 세력이 새로 정치 세력화하는 것은 1987년 6월항쟁 이후부터이고, 2000년대에 와서야 의회에 여러 사람이 진출하는 모습을 보인다. 진보 정치 세력이 수십 년간 공백으로 남게 되고 그 대신에 학생들이 들고일어나는, 그래서 학생운동이 30년간 계속 중요한 역할을 하게 되는 나라를 만들어놓은 것이다.

　　혁신계와 피학살자 유족회에 대한 단죄는 피해 대중의 공포와 피해 의식, 무력감을 상기시키고 증폭해서 현대사에 대한 무지와 왜곡을 심화했다. 주민 집단 학살을 당연시하고 정당화하게 만들었다. 5·16쿠데타가 일어난 후 30년 가까이 유족들은 또다시 공포 속에서 살아야 했다. 도무지 입을 열려고 하지 않았다. 이런 공포 상황에서 그 자식들은 자기 부모가 어떻게 죽었는지도 알 수가 없었다. 또 연좌제에 묶여 온갖 피해와 설움을 당해야 했다.

　　유족회 사건 피해자 중 재심 청구를 한 사람들은 다 무죄 선고를 받았다. 예컨대 '경주 지구 피학살자 유족회' 김하종은 '혁명 재판'이라는 데에서 7년형을 받았다. 이 사건은 피학살자 유족들이 진실을 파헤치기 위해 얼마나 피나는 노력을 했고, 5·16 군부 쿠데타 세력이 이러한 노력에 대해 얼마나 비인간적이고 무도한 행위를 저질렀는가를 잘 보여준다. 사건 개요를 간단히 살펴보자. 전쟁이 일어나기 전인 1949년 음력 7월 7일 밤 김하종의 일가친척 22명이 경북 월성군 내남면에서 내남면 우익 청년 단체 단장 이협우와 지서 경찰 등에 의해 살해당했다. 이협우는 1950년 국회의원에 당선됐고 1954년과 1958년에는 자유당 소속으로 국회의원에 당선된 실력자였다. 피학살자 유가족 중 한 사람인 유칠문은 해병대원으로 장교들의 도움을 받아 1957년 빼앗긴 재산을 돌려받고 억울한 죽음의 진상을 밝히려고 민사 소송을 제기했다. 그렇지만 이협우에 의해 좌절됐다. 4월혁명 후 유족들은 진상을 규명하기 위해 경주유족회를 조직해 합동 위령제를 열고 학살 책임자 처단을 요구했다. 다행히 대구지검 검사들이 진상 조사에 나서 이협우 등을 구속 기소했다. 대구지법에서 열린 1심에서 1961년 3월 이협우는 사형 선고를 받았다. 그런데 5·16쿠데타가 일어난 후 유족회 간부인 김하종, 김하택 형제 등이 피고석에서 '재판'을 받은 것이다.

2011년 대법원은 '군사 재판 판결문과 진실·화해를 위한 과거사 정리 위원회의 조사 결과 등을 종합적으로 검토해보니 원심 판결과 같이 범죄 사실의 증명이 없으므로 무죄 판결을 원심 그대로 유지한다'는 판결을 내렸다. 2011년이 돼서야 김하종의 무죄가 대법원에서 확정된 것이다. 21세기 들어 각종 과거사 위원회가 생기고 거기서 진상 규명을 하게 돼서 이런 판결이 나올 수 있었던 것이지만, 1949년 이후 김하종 등이 감내해야 했던 피해와 고통, 특히 5·16쿠데타 이후 겪은 피해는 결코 금전으로 해결될 수 있는 성질이 아니다. 이처럼 30년 이상 극단적인 반공 체제를 유지하는 데 혁신계 단죄, 유족회 단죄가 얼마나 큰 역할을 했는가, 그런 것들을

통해 5·16 주체 세력이라는 사람들의 성격을 그야말로 적나라하게
잘 들여다볼 수 있는 것 아닌가, 그렇게 볼 수 있다.

표적으로 전락한 장면,
토사구팽 당한 장도영과 육사 5기

— 장면 전 총리는 이른바 반혁명 사건의 주요 표적이 될 수밖에
없는 처지였다. 장면은 이 시기에 어떤 일을 겪었나.

'혁명 재판'이 다룬 사건 중 특기할 만한 것으로 장면 전 총리
에 대한 '단죄'를 들 수 있다. 1961년 7월 4일 최고회의는 "그동안
불철주야 민주당 정부 요인들의 용공 음모를 예의 수사하여 오던
바 그 천인공노할 진상이 역력히 밝혀졌다"고 발표했다. "그들은 이
권력을 역이용하여 이 나라를 공산화할 무서운 용공 음모에 가담하
여 왔었다", '천인공노할 진상'이 역력히 밝혀졌다면서 무슨 굉장한
비밀을 알아낸 것처럼 선전했다. 박정희 최고회의 의장은 1962년
12월호 최고회의보에 '장면 정부는 국민 주권을 유린하고 반민주적
소위所爲(행위)를 감행한 자, 민주적 국시를 반역하여 조국을 공산
괴뢰 집단에 넘겨주고자 한 반국가 행위자로 심판하고 있다'고 했
다. 왜 이런 식으로 몰아붙였는지 박정희의 마음을 읽을 수는 있지
만, 도대체 이런 식으로 장면 정권을 단죄한다는 건 해도 너무한 것
아닌가. 통일 운동을 벌인 혁신계와 집단 학살 진상 규명 활동을 한
유족회 관계자들을 3·15 부정 선거 원흉, 밀수범들과 같이 특수 반
국가 행위자로 처단한 것에 더해 장면 정부 요인들이 이 나라를 공

산 괴뢰 집단에 넘겨주려 한 천인공노할 진상이 역력히 밝혀졌다고 까지 주장한 건 심해도 보통 심한 짓이 아니다. 그러나 아무리 수사해도 책잡을 만한 게 없어서, 결국 장면 내각에 참여했던 사람들을 나중에 석방했다.

장면은 구민주당 사건뿐만 아니라 이주당 사건이라는 이상한 사건에 또 걸려들었다. 입법, 사법, 행정, 경제 이 네 가지가 분립해야 한다는 4권 분립제를 주장하는 이주당이라는 단체와 관련이 있다는 주장이었다. 또 장면 총리의 미국인 고문이던 도널드 휘태커가 이쪽하고 손잡고 뭔가를 일으키려 했다, 이렇게 돼 있다. 그래서 장면은 10년형을 받았는데, 구속 수감 48일 만에 보석 형식으로 출감은 됐다.˚ 장면은 그 후 몇 년 안 가서 사거했다. 얼마나 울분이 쌓였겠나.

— 반혁명 사건에는 장면 정권을 겨냥한 것뿐만 아니라 군인들 간의 치열한 권력 다툼에서 비롯한 것들도 여럿 있지 않나. 어떤 사건들이 있었나.

제일 대표적인 반혁명 사건은 장도영 사건이다. 쿠데타에 반대한 세력, 쿠데타 관련 정보를 누설한 자들, 쿠데타군을 진압하려 한 사람들도 다 반혁명 사건으로 처단되지만 역시 장도영 중장 등의

˚ 중앙정보부 차장 서정순은 1962년 6월 17일, 이주당 관련자들이 '혁명 정부' 요인을 암살해 쿠데타로 군사 정부를 전복한 후 4권 분립 국가를 만들려 했다고 발표했다. 장면은 1962년 8월 28일 무기 징역 구형과 함께 법정 구속돼 서울교도소에 수감됐다. 9월 27일 육군본부 계엄 보통군법회의는 장면에게 징역 10년형을 선고했다. 수감 48일 만인 10월 15일 장면은 보석 형식으로 석방됐다.

반혁명 사건이 당시에 제일 화제가 됐다.

장도영은 5·16쿠데타가 성공하는 데 결정적인 작용을 했다고 볼 수 있다. 애매한 입장을 취하면서 나중에 육군 참모총장으로서 계엄사령관이 되고, 군사혁명위원회가 생겼을 때 그 의장이 되고, 최고회의가 만들어졌을 때 그 의장이 되고 해가지고 '혁명'을 합리화하고 성공시키는 데 아주 중요한 역할을 하긴 했다.

그런데 알 만한 사람들 사이에서는 장도영이 과연 오래가겠는가 하는 이야기가 이미 나돌았다. 최고회의 관계법이 발표된 1961년 6월 6일 그날부터 불과 며칠 사이에 장도영은 이미 무력한 존재가 돼버린다. 제일 힘 있는 게 육군 참모총장과 계엄사령관, 이 자리인데 이것을 내놓게 되고 국방부 장관 자리도 송요찬한테 넘겨주게 된다. 남은 것은 최고회의 의장하고 내각 수반인데, 내각 수반은 하나 마나 한 자리였다. 또 장도영이 최고회의 의장이긴 했지만, 박정희가 최고회의 상임위원장을 맡았기 때문에 사실상 실권은 거기에 있었다. 그러다가 최고회의 의장과 내각 수반에서 물러난다고 7월 3일에 발표가 났다. 그런 지 1주일도 안 된 7월 9일, 장도영 등 44명의 장교를 문초하고 있다고 신문에 보도됐다.

김종필의 2011년 5월 인터뷰에 의하면, 중앙정보부 요원 20여 명이 (장도영을 경호하는) 헌병들을 '제압'했다. 1979년 12·12쿠데타 때 보안사 병력이 육군 참모총장 공관 병력을 눌렀듯이, 무장한 중앙정보부 요원들이 역시 무장을 한 헌병들을 무력으로 눌렀다고 봐야 할 것이다. 그러고는 곧장 장도영 사무실로 쳐들어갔더니 장도영이 "왜 이제 왔어?"라고 하더란다. 그게 1961년 7월 2일 밤이라고 한다.

그런데 체포해 문초하고 있다고 신문에 보도된 이 44명에는 장도영 외에도 힘깨나 쓰던 사람들이 여러 명 들어 있었다. 최고회의에서 실력자라고 봤던 사람들도 상당수 들어갔다. 예컨대 최고회의 문교사회위원장을 맡았던 송찬호 준장, 공수특전단 부단장이던 김제민 중령, 최고회의 감찰위원장을 지낸 최재명 대령, 헌병감이던 문재준 대령, 공수특전단장 박치옥 대령 같은 사람도 들어 있었다. 쿠데타군이 한강 인도교에 왔을 때 그걸 막았던 방자명 헌병 중령도 포함됐다. 여러 계열 사람들이 들어가 있었는데, 특히 주목받은 건 5·16쿠데타 때 군을 이끌고 온 사람들이 대개 이때 잡혀 들어갔다는 점이다. 포병을 이끌고 온 문재준, 공수특전단을 이끈 박치옥 같은 사람들이다. 그래서 이 사건은 장도영을 완전히 거세한 사건으로도 유명하지만, 육사 5기와 육사 8기의 권력 쟁탈전으로 설명하는 사람도 많다. 군대를 끌고 온 쪽(5기)과 5·16쿠데타를 기획한 사람들(8기)이 싸웠는데, 전자가 패배했다는 것이다.

이때 양쪽 무력을 대표한 사람은 한쪽은 중앙정보부장 김종필이고 다른 쪽은 헌병감 문재준인데, 김형욱 회고록 같은 걸 읽어보면 문재준과 김종필의 치열한 싸움, 부대도 막 동원하려고 한 싸움이 아주 실감 나게 나온다. 1961년 7월 17일 뉴스위크에는 이렇게 났다. "오늘날 혁명 동지들 사이의 우애는 사라졌다. 권총을 휴대한 최고회의 소속 장교들은 서로 의심스런 눈초리로 쳐다보면서 지프차를 몰고 거리를 질주하는가 하면 언론에 대하여 입을 여는 것을 거부하고 있다." 김재춘과 김형욱의 회고록 같은 걸 보면, 그 이후에도 중앙정보부장 문제 등 권력의 핵심과 관련된 문제가 있을 때 무장을 하고 대결하는 것과 비슷한 일이 일어나는 걸 엿볼 수 있다. 최고회의에서 권총을 찬 30대들이 힘겨루기를 하기도 했다.

장도영 뒤통수 친 박정희…
권력 앞에선 은인도, 동지도 없었다

— 권총을 찬 군인들의 권력 쟁탈전, 이것이 혁명이라는 가면 뒤에 숨은 진짜 얼굴이 아니었나 하는 생각이 든다. 어쨌건 장도영은 자신이 여러 차례 큰 은혜를 베풀었던 박정희에게 뒤통수를 세게 맞은 셈 아닌가.

장도영 사건에서 또 하나 관심을 끄는 건 장도영 후임으로 최고회의 의장이 된 박정희가 이 사건에 관해 증언했다는 것이다. 장도영을 유죄로 만든 가장 큰 건 5·16쿠데타 전에 양다리를 걸쳤다는 것, 5월 15일과 5월 16일 가장 긴박한 순간에 양다리를 걸쳤다는 것인데 그걸 주로 증언한 것이 바로 박정희 의장이었다. 법정에 직접 나온 건 아니고 서면으로 증언했다.

예컨대 박정희 의장의 증언에 의하면, 1961년 4월 10일경 쿠데타를 일으키려는 계획안 같은 걸 박정희가 보여줬는데 장도영은 동조하는 듯하다가 또 반대도 하는 것 같고 태도가 분명치 않았다고 한다. 손잡고 하자고 하면 반대할 사람은 아니라고 판단했지만 태도가 불분명했다는 이야기를 이 4월 10일 사례는 물론 다른 예를 통해서도 증언했다.

이 계획안에 대해서는 김종필이 증언한 것도 있다. 김종필의 증언에 따르면, 박정희가 '혁명'을 한다고 하니까 장도영이 "계획서가 있느냐"면서 그걸 달라고 했다고 한다. 박정희 소장이 김종필에게 계획서를 달라고 하자, 김종필은 "뭘 믿고 주느냐. 그러다 일망타진된다"면서 반대했다. 그렇지만 박 소장이 "장 장군과 나는 남

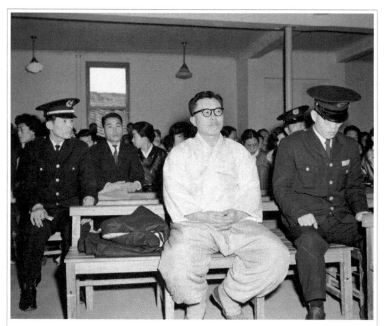

1962년 1월 10일 재판을 받고 있는 장도영. 장도영은 자신이 여러 차례 큰 은혜를 베풀었던 박정희에게 뒤통수를 세게 얻어맞았다. 사진 출처: 국가기록원

이 모를 만큼 깊은 사이야. 날 믿고 줘"라고 해서 김종필은 "3일 후에 반환받아 주십시오"라고 하면서 건넸는데, 끝내 다시 돌아오지는 않았다고 한다. 계획서의 골자는 경제기획위원회와 국민운동본부, 중앙정보부 관련 사항이었다고 한다.

장도영은 박정희의 이런 증언이 사실과 맞지 않다고 회고록에 쓰면서 박정희를 비난했다. 그렇지만 재판을 받을 때 장도영의 심리는 어땠을까. 특히 박정희 의장이 서면 증언이라고는 하지만 어쨌든 자신의 행위에 대해 직접 증언하는 걸 볼 때 어땠을까. '도대체 이렇게 은혜를 원수로 갚을 수가 있느냐', 이런 생각을 했는지 '권력의 속성이라는 것이 이런 건가' 하는 생각을 했는지 알 수는 없다. '박정희라는 사람을 내가 잘 몰랐다. 정말 무서운 사람이다. 권력을 위해서는 어떤 일이든 해낼 수 있는 사람 아니냐', 이런 생각을 하지 않았을까 싶다.

── 군인들의 반혁명 사건은 그 후에도 계속된다. 이러한 반혁명 사건들 중 권력 쟁탈 과정에서 상대편에 혐의를 뒤집어씌운 것이 아니라 박정희를 실제로 제거하려던 시도도 있었나?

유명한 사건이 또 하나 있다. 민정 이양기에 큰 사건이 빈발할 때인 1963년 3월, 이때는 중앙정보부장이 김재춘이었는데, 전 최고회의 외무국방위원장으로 한때 실세로 불렸던 김동하가 구속됐다. 김동하는 1960년 4·19 전에 박정희와 쿠데타를 모의할 때 박정희 다음가는 중심인물로 얘기되던 사람이었다. 그런 김동하가 그렇게 된 것이다. 그리고 '혁명 검찰부장'으로서 피고들에게 그렇게 무섭게 하던 박창암도 구속됐다. 박임항 건설부 장관도, 이규광 전 육군 헌병감도 구속됐다. 이규광 이 사람은 나중에 전두환 정권 때 이름이 널리 알려진다.[*] 김윤근 해병대 소장, 최주종 소장도 걸려들었다. 최주종도 4·19 직전에 같이 쿠데타를 모의한 사람이다. 어쨌든 김윤근까지 연루됨으로써 쿠데타 때 군대를 이끌고 온 사람은 거의 전부 쫓겨나게 됐다.

이 사건은 '김종필이 민주공화당을 사전 조직했을 뿐만 아니라 이원 조직했다. 우리에게 참여하라고 했지만 우리를 바지저고리

---

[*] 전두환의 처삼촌인 이규광은 1982년 세간을 떠들썩하게 한 이철희·장영자 사기 사건에 연루됐다. 장영자는 이규광의 처제다.

로 만든 것 아니냐'고 특히 김동하가 강하게 반발하고 나선 지 얼마 후 일어난 사건이다. 반김종필파에 대한 거세이기도 했던 것이다. 이때 반김종필파는 반박정희파라고도 볼 수 있다. 민정에 어떤 식으로 참여하느냐와 연관되는 사항이었기 때문이다. 또 함경도 출신 군인들, 이 사람들을 당시 알래스카 세력이라고 불렀는데 이 알래스카 세력이 정일권 정도를 빼놓고는 제거됐다. 알래스카 세력이라는 게 참 이상한 말이긴 한데, 당시 그렇게 불렸다. 박창암 등은 재판을 받을 때 "붓은 칼보다 강하다", "이 사건은 조작된 것이다"라고 소리 지르고 그랬다. 그렇지만 정치적 사건이라는 게 어떻게 만들어진다는 건 혁명 검찰부장 박창암 자신이 누구보다 잘 알 수 있는 사람 아니었나.

박정희에 대한 진짜 쿠데타 사건은 원충연 사건이 유일하다고 보고 있다. 1965년 5월에 일어난 사건이다. 5·16쿠데타 세력이 주장한 '혁명 이념'에 공명해 쿠데타에 참여했는데, 가만히 보니까 쿠데타 세력의 부정부패가 아주 심할 뿐만 아니라 처음에 주장했던 것하고 너무나 다르다고 해서 실제로 쿠데타를 일으키려고 했다. 발각돼서 원충연과 박인도, 두 대령은 사형 선고를 받았는데 나중에 무기 징역으로 감형됐다.˚ 이 사건 하나를 빼놓고 나머지는 다 권력 쟁탈전으로 볼 수밖에 없다.

˚ 원충연은 5·16쿠데타 직후 최고회의 공보실장을 맡았던 인물이다. 체포된 후 원충연은 "4대 의혹 사건, 3분 폭리 사건 등 부정부패가 꼬리를 잇는데 누구 하나 책임지는 사람이 없어 거사를 꾸몄다"고 말했다. 1967년 무기 징역으로 감형됐고, 1969년 다시 징역 15년으로 형이 줄었다.

박정희와 각별한 사이였던 황태성은 왜 간첩으로 죽어야 했나

민정 이양, 네 번째 마당

김 덕 련 5·16쿠데타 후 남북 관계에서도 중요한 사건이 일어났다. 황태성 사건이다. 황태성이 박정희, 김종필과 관련 있는 인물이라는 점에서도 세간의 관심을 모으지 않았나.

서 중 석 황태성 사건은 단순히 박정희, 김종필과 관련된 사건이라고 볼 수만은 없는 여러 가지 면을 동시에 보여줬다. 야당의 성격도 부분적으로 드러나게 하는 게 있었다. 5·16쿠데타가 났을 때 김종필이건 박정희건 다 정보 장교 출신이어서 그렇겠지만 대북 문제에 민첩하게 움직였다. 1961년 7월경 육군 첩보 부대인 HID 서해 지구 파견대가 대북 공작 차원에서 북한에 정치 회담을 제안했다. 용매도(황해도 해주만 어귀에 있는 섬) 등 여러 곳에서 1961년 9월부터 그 다음 해까지 수차례 북한의 첩보 기관과 비밀 접촉을 하는 걸 볼 수 있다. 그런데 황태성 사건은 이것하고도 차이가 아주 많이 난다.

1961년 8월 말 남쪽으로 떠난 황태성은 임진강을 건너 서울로 왔다. 당시 북한에서 남쪽으로 내려올 때 제일 많이 이용한 코스가 임진강을 건너거나 강화도 쪽으로 오는 것이었다. 서울로 온 황태성이 9월 1일 어느 집을 찾아갔느냐. 옛날에 황태성 이웃에 살았던 친지의 아들 김민하의 집을 찾아갔다. 그러면서 '박정희하고 김종필한테 내가 왔다는 말을 전해달라'고 한 것이다. 김민하는 정치학자로 나중에 중앙대 총장도 되는 사람인데, 이 사람이 얼마나 놀랐겠나.

황태성과 박정희·김종필의
아주 특별한 관계

── 황태성과 박정희, 황태성과 김종필은 어떤 인연을 맺고 있었나.

황태성은 해방 전부터 박정희의 셋째 형인 상희하고 아주 친한 친구이자 동지 관계였다. 황태성은 '박정희가 나를 사숙했고 박정희의 진로를 의논도 했고 만주군 시절에도 휴가를 나오면 날 찾아왔다'고 말했다고 한다. 이건 황태성이 감옥에 들어가서 한 이야기이기 때문에 얼마만큼 사실일지는 생각해볼 여지가 있다. 약간 과장됐을 수도 있지 않느냐고 볼 수도 있다.

하여튼 황태성이 박정희, 김종필과 특별한 관계를 맺고 있었다는 건 틀림없다.[*] 박정희와 잘 아는 사이였다는 점도 그렇고, 박상희는 김종필의 장인 아닌가. 김종필의 장모와 장인을 중매해준 사람이 바로 이 황태성이다. 그렇기 때문에도 황태성은 그때까지 살아 있던 김종필의 장모 조귀분한테는 아주 특별한 존재였다고 이야기할 수 있다. 그뿐만 아니라 황태성은 박상희하고 같이 1946년 10월 대구 폭동이라고도 하고 10월항쟁이라고도 하는 사건에 참여했다. 박상희는 구미에서 경찰에 쫓기다 죽음에 이르렀다. 이것도 예전엔 잘 안 밝혀져 어떻게 죽었는지가 불확실했는데, 2000년대 들어 확실하게 밝혀졌다.[**]

---

[*] 박정희가 남로당에 가입할 때 신원을 보증한 사람도 황태성이었던 것으로 알려져 있다.
[**] 1946년 10월 이때 황태성은 친구인 박상희뿐만 아니라 큰아들도 잃었다.

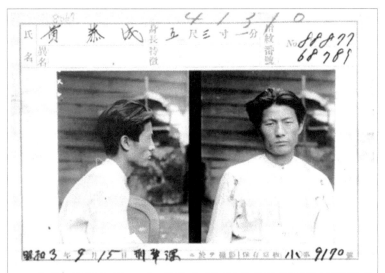
1928년 9월 15일 치안유지법으로 체포되었을 때 찍힌 사진. 황태성은 해방 전부터 박정희의 셋째 형인 박상희하고 아주 친한 친구이자 동지 관계였다.

── 황태성은 어떤 경위로 내려오게 된 것인가. 훗날 간첩으로 몰려 죽임을 당하지만 황태성은 자신이 간첩이 아니라 밀사라고 주장했다.

황태성은 북한에서 직책이 높았다. 무역성 부상副相, 그러니까 차관을 지냈다. 북한에서 내려온 사람들 가운데 1960년대까지 따지면 제일 높은 사람이 남쪽으로 온 것이다. '내가 누구를 만나겠다'고 한 것이니까, 간첩으로 내려온 건 처음부터 아니었다. 김민하가 이야기한 것처럼 밀사였다. 황태성이 내려온 건 박정희의 쿠데타 동기와 통일에 대한 견해, 그리고 남북 간의 협상이 가능한지 등을 타진하기 위한 것으로 보고 있다.

황태성은 조선공산당(조공)에 참여한 사람 가운데 반박헌영파에 속하고 민족주의 성향이 강한 사람이었다. 내가 본 기록으로는 1946년 2월 좌파가 정당, 사회단체를 망라해 민주주의민족전선(민전)을 만들 때 황태성이 조공 경상북도 대표로 왔다. 그때 중앙당 간부들하고 각 도에서 올라온 대표들이 연석회의를 열었다. 민전 문제도 있지만 노선 문제 때문에 박헌영파와 반박헌영파 사이에 심각한 알력, 갈등이 있었다. 그 가운데에는 공산당 대회 개최 문제도 있었지만 반탁 문제도 있었다. 황태성 이 사람이 그 자리에서 '신탁통치 문제에 잘못 대응하고 있는 것 아니냐. 국민들이 반탁 투쟁에 기울어 있는데 우리 당이 잘못하고 있는 것 아니냐', 이렇게 직설적으로 이야기하는 걸 볼 수 있다.

이 사람은 1947년경 월북한 것으로 보고 있다. 어떻게 해서 내려왔느냐. 김일성 수상이 주도해서 보냈다는 주장과 황태성이 '내가 박정희를 잘 안다'며 적극적으로 자신이 내려가겠다고, 조국을 위해 마지막 목숨을 바치겠다고 해서 내려왔다는 설이 있다. 난 후자일 가능성이 더 높다고 본다. 그렇다고 하더라도 김일성 등 수뇌부가 황태성 밀사 파견과 관련해 많은 논의 끝에 최종 지시를 하지 않았겠나. 당시 상황에 대한 전반적인 평가 같은 건 수뇌부에서 했다고 봐야 한다. 내려가도 된다고 봤기 때문에 내려가라고 한 것 아니겠나.

북한, 박정희도 남한도 몰랐다

── 북한은 5·16쿠데타 세력의 실체는 물론 남쪽 상황을 제대로 이해하지 못했던 것 같다.

황태성 밀사 사건을 보면 북한이 너무 순진하다고 할까, 비현 실적으로 대처한 것이 아니냐고 말할 수 있다. 왜냐하면 북쪽은 '남 조선은 미제의 식민지'라는 이데올로기를 내세우지 않나. 박정희가 설령 쿠데타는 독자적으로 일으켰다고 하더라도, 그것을 미국이 인 정하고 지지한다고 했을 때는 쿠데타 주도 세력이 미국의 입장을 충분히 받아들일 것임을 정면으로 이야기하는 것이라고 이해할 수 있다. 그런데 '박정희가 미국의 영향력에서 벗어나 독자적으로 활 동할 수 있다', 이런 판단을 내렸다는 건 정말 안 맞는 이야기다.

황태성을 보낸 사건과 관련해, 4월혁명 때 그러니까 1960년 3월과 4월에 시위가 일어났을 때 북쪽에서 너무나도 잘못 판단했 기 때문에 이번에는 그와 다른 판단을 한 것이라는 주장도 있다. 3, 4월 항쟁 당시 북한은 '남조선은 미제의 식민지이고 미국에 종속 돼 있다'고 봤기 때문에 시위라든가 반이승만 투쟁을 벌인다는 건 있을 수 없다고 판단했다. 그래서 3월과 4월 항쟁에 대해 말로라도 뭔가를 보여주는 일을 별로 하지 못했다.

그러다가 4·19까지 나니까 4월 21일에 와서야 '남북 조선의 정 당·사회단체 대표 연합 회의를 긴급 소집하자'고 제의했다. 1948년 에 있었던 연석회의와 비슷한 것을 소집하자는 제안이었다. 이승만 정권이 붕괴하고 4월 27일이 되자 '22개 제 정당·사회단체 지도자 연석회의를 열고 남쪽의 노동자, 농민 등 각계와 함께 임시 행정 기 구를 지체 없이 성립하도록 해야 한다', 이런 주장을 했다. 둘 다 현 실성이 전혀 없는 주장이었다. 어쨌든 4·19 이전에 뭔가를 했다는 게 별로 없다.° 그것에 대한 반작용이라고 할까, 5·16쿠데타가 일어 나니까 그때의 실책을 만회하고자 황태성을 보내는 걸로 적극적으 로 대응했다고 해석할 수 있다.

그렇지만 4월혁명하고 5·16쿠데타는 성격이 전혀 다르다. 학생 시위나 민중 항쟁이라는 건, 북한의 주장대로 예컨대 '한국은 미국의 통제 아래 있다'고 하더라도 미국의 통제와 상관없이 일어날 수 있는 것이다. 한국이 미국의 통제 아래 있기 때문에 학생 시위나 민중 항쟁이 못 일어난다고 판단했다면 그건 역사도 잘못 알고 남한도 잘못 알았다는 걸 이야기하는 것이다. 그런데 군이라는 것은 북한이 그렇게 강하게 주장했듯이 그야말로 미국과 뗄 수 없는 사이, 긴밀한 사이이고, 북한의 평가대로 한다면 확실히 미군의 통제 아래 있는 것 아니겠나. 그리고 박정희가 과연 미국의 의도에 어긋나는 활동을 쿠데타 이후에 할 수가 있었나. 이건 도무지 생각할 수가 없는 것이다. 그런데도 황태성을 보낸 것이다.

북한에 정보 능력이 있었느냐 하는 것도 이야기할 수 있다. 예컨대 박정희가 남로당 프락치 사건 때 어떤 역할을 했고 그 후 어떻게 변했는지에 대해 전혀 몰랐거나 너무 일방적으로 판단한 것 같다. 박정희가 남로당 프락치 이후 어떻게 변했는지, 박정희가 어떤 사람인지, 쿠데타가 왜 성공했는지, 쿠데타의 성격은 뭔지 등을 황태성은 물론이고 북쪽에서 너무 몰랐다는 말이다.

─── 1961년 7월 남측이 대북 공작 차원에서 시도한 비밀 접촉의 진의를 북한이 제대로 파악하지 못했고, 황태성을 보낸 것도 그와 무관치 않다는 지적도 있다. 어쨌건 핵심 문제는 남한도, 북한도 상대방을 제대로 알지 못했다는 점이 아닐까 하는 생각

> ● 1960년 4월 12일, 3·15 부정 선거 무효화 및 마산 시민의 이승만 정권 반대 지지 등을 주장하는 성명을 내긴 하지만 이 시기에 북한이 적극적으로 움직였다고 보기는 어렵다.

이 든다.

그런 점은 남파 간첩 사건에서도 볼 수 있다. 1950년대, 1960년대에 남한과 북한은 우리가 간첩이라고 부르는 공작원을 무수히 침투시켰다. 한홍구 교수의 논문을 보면 남한의 경우 한 정보 기관에서 1만 1,273명을 북한에 보낸 것으로 돼 있다. 1951년에서 1996년까지 남쪽 당국이 생포하거나 사살하거나 또 자수한, 하여튼 남쪽 당국에 적발된 공작원(간첩) 숫자가 4,495명으로 돼 있다. 여기엔 간첩으로 활동하다 잡히지 않고 북한으로 넘어간 사람은 안 들어있다. 그러니까 양자를 평면적으로 비교할 수는 없어도 양쪽이 서로 얼마나 많은 사람을 보냈는지를 짐작할 수 있다.

그런데 한홍구 교수 논문을 보면 1950년대 후반에서 1960년대에 걸쳐서 특히 많이 보냈다. 1972년 이후에는 북한이 공작원 남파를 사실상 포기했다고 볼 수도 있다. 아주 소수에 그친다. 나도 이건 옛날부터 똑같이 생각하고 있던 건데, 틀림없다고 본다. 북한이 그렇게 사실상 포기한 것은 간첩 한 명을 보내는 데 비용이 굉장히 많이 들었기 때문이라고 돼 있다. 그런데 가져오는 건 뭐가 있겠나. 너무나 비효율적이니까 그때쯤 되면 사실상 포기한 것이라고 보고 있다.

1950년대 후반에서 1960년대에 보낸 사람들 중에는 남쪽 출신이 많다. 그러나 남쪽 출신이라고 하더라도 밀봉교육 받은 것 하나 가지고는 20년 가까이 남쪽이 변화한 것을 제대로 알 수가 없었다. 그 사이 남쪽이 얼마나 많이 변했나. 그런 남쪽 정세를 정확히 안다는 건 쉽지 않은 일이다. 그러다보니까 북한이 남파 공작원을 보내는 데 비용은 많이 드는데 결국은 미미하게 끝나고 만다. 비전향 장기수들도 자신들이 받았던 남조선 정세 교육이 얼마나 피상적이고 졸렬했는가를 이야기하지 않나. 이 사람들은 북한에 대한 연대 의식이 있는데도, 자기들이 남쪽에 와보니 남한이 그런 남한이 아니더라고 얘기한다.

나는 일제 때 좋은 대학에 다녔고 사회적으로도 알려진 지식인이 1950년대 후반, 1960년대 초반에 간첩으로 내려와 체포를 당하고 중형을 받고 하는 것을 볼 때 착잡하고 비감하다는 생각이 많이 들더라. 그러한 간첩 사건은 우리 현대사를 여러 가지로 생각하게 만든다. 해방이 되고 혁명적 분위기가 고조됐는데 친일파가 남쪽에서 너무 날뛰고 득세하니 살맛이 안 나고 또 '분단을 막기 위해서라도 북한에 가자', 이러면서 여러 계통의 사람이 북한에 적잖게 갔다. 이 중에는 고급 지식인이라고 볼 수 있는 사람도 많았다. 일제 때 우리나라에서 고급 지식인이라고 볼 만한, 고등 교육을 받은 사람은 극소수였다. 너무나 적었다. 이 때문에도 해방이 됐을 때 이 사람들은 우리 민족의 소중한 자산이었다. 새로운 사회, 좋은 사회를 만드는 데 뭔가 기여하도록 해야 했다. 그런데 그런 이들 가운데 북한에 간 사람들 중 상당수를, 이들이 북쪽에서 마땅히 할 만한 일이 없어서 그랬을 수도 있지만, 나중에 소모품 비슷하게 남쪽으로 보낸다. 사실 이 사람들은 지식인이기 때문에 간첩 능력은 별로 없다. 그런 걸 볼 때 우리가 통일 국가였더라면 민족의 소중한 자산으로 다 유용하게 일할 사람들, 좋은 일을 많이 할 사람들이었는데 그런 일을 할 수 있는 황금기에 한낱 간첩으로 체포돼 감옥소에 있거나 처형당하는구나 하는 비통한 생각이 든다.

한국전쟁이 나자 대량 학살을 당하는 국민보도연맹원들도 어느 지역에서건 그 지역에서는 뜻이 있는 사람이라고 할까, 유위有爲

1963년 7월 26일 판문점에서 있었던 간첩 소지품 전시 장면. 1950년대, 1960년대에 남한과 북한은 우리가 간첩이라고 부르는 공작원을 무수히 침투시켰다. 사진 출처: 국가기록원

한 사람이라고 할까, 해방 후 '우리 지역에서 뭔가 해보겠다', 이런 포부를 가진 사람들이 적지 않았다. 그런 사람들이 남한 각지에서 얼마나 많이 죽었나. 그런 사건들을 보면 여러 가지 생각이 든다. 그런데 이런 우리 현실, 우리 근현대사를 수구 냉전 세력이건 진보 세력이건 잘 알려고 하는 것 같지가 않다. 일제 때도 그랬다.

간첩으로 몰아간 쿠데타 세력,
이념 공세 소재로 삼은 야당

—— 1906년생으로 박정희보다 열한 살 위인 황태성도 일제 때 고

민정 이양

등 교육을 받은 사람이다. 사회주의자로서 일본에 맞서고 해방 후 월북했던 황태성은 밀사로 내려왔다가 간첩으로 몰려 처형을 당했다. 황태성의 삶에는 20세기 한국사의 중요한 장면들이 오롯이 담겨 있다. 이념의 잣대부터 들이대는 대신 황태성이라는 한 인간의 삶을 차분히 들여다보는 것이 필요한 이유다. 그러한 황태성이 남쪽에 내려온 후 행적에 대해서는 엇갈리는 주장이 많다.

그것에 대해서는 설이 많다. 예컨대 '황태성이 직접 김종필 장모 집을 찾아갔다. 그랬더니 소스라치게 놀라더라', 이런 증언도 있다. 김형욱은 황태성이 옛 동지인 김성곤을 만나려 했으나 김성곤이 유럽 여행 중이어서 못 만나고, 바로 대구로 내려가 김종필의 장모를 만났다고 주장했다. 그렇지 않고 '서신을 보냈더니 그 장모가 새파랗게 질렸다', 이런 증언도 나온다. 후자가 맞지 않을까 싶다. 어디서건 박정희를 직접 만났다는 증언은 안 나온다.

이 시기 박정희는 황태성에 관해 수년간 계속 보고를 받았을 터인데 어떤 생각을 했을까. 셋째 형 상희 생각도 많이 들고 그랬을 것이다. 박정희는 대구사범학교 시절 성적이 아주 나쁘지 않았나. 성적 불량으로 기숙사비 혜택마저 못 받게 되고 그랬다. 그때 박상희한테 자주 들락거리면서 돈을 달라고 하지 않았나. 해방 후 조선경비사관학교(육사)에 갈 때까지 셋째 형 신세를 많이 졌다. 그리고 박정희가 그 부인 김호남을 돌보지 않는다고 박상희한테 아

● 박정희 정권 시기, 박정희의 대구사범학교 시절 성적표는 공개되지 않았다. 이와 달리 1등을 했던 구미공립보통학교 시절 성적표는 공개됐다.

주 꾸지람도 많이 듣고 심하게 매를 맞았다는 증언도 있다. 또 형은 잘생기고 키도 크고 그러지 않았나. 자존심이 아주 강했던 박정희는 형에 대해 외모, 성격 면에서 열등감, 질투심 같은 걸 갖고 있었던 것으로 보인다. 그러면서도 또 형을 따랐다는 증언이 나오기도 한다.

남로당 프락치로 가입한 것도 형과 관련이 분명히 있는 것 아니겠나. 형에 대해 갈등이나 경쟁심, 일부 사람은 적개심이라는 심리적 표현도 쓰던데, 그런 걸 어릴 때부터 가지고 있었다고 하더라도 또 한편으로는 형에 대한 부채감 같은 감정 때문에도 남로당 프락치로 가입한 걸로 보인다. 그런데 남로당 프락치 사건의 전모를 털어놓지 않았나. 그런 것에 대해 심한 정신적 갈등을 느끼기는 했을 텐데, 그때 제일 많이 생각난 사람이 형일 것이다. 바로 그런 갈등이나 죄의식, 그것과 연결된 자신의 배신적 행위, 그리고 과거 사범학교에 다닐 때부터 자신이 어떻게 살아왔는가, 황태성에 관한 보고를 받을 때마다 그런 것들이 파노라마처럼 떠올랐을 것이고, 그러면서 박정희 심경이 착잡한 면도 있었을 것이라 본다.

그러나 이제는 한국의 실권자가 되지 않았나. 5·16쿠데타는 미국과 불가분의 관계가 있고, 박정희는 미국에 의존하지 않을 수 없었다. 미국이 무엇을 원하는가를 박정희처럼 잘 알고 있는 사람이 없지 않았나. 그래서 쿠데타 직후부터 아주 냉혹하고 철저하게 반공 정책을 실행했다는 이야기를 많이 듣고 있다. 권력에 대한 무한한 집념을 가진 사람이 할 수 있는 행위가 아니겠느냐는 생각을 할수가 있다. 그렇기 때문에 황태성에 관한 보고를 받을 때 착잡한 건 분명히 있었겠지만, 냉혹한 측면이 더 강하게 작용했을 수 있다. 그런데 어느 경우나, 박정희가 어떤 태도를 보였는가에 대해서는 자료가 없다. 간접적인 이야기들만 있고, 민정 이양기 즉 대통령 선거 때 한 말 정도가 남아 있다.

김종필의 심정은 어땠을까. 이것도 알 수가 없다. 김종필이 이에 대해 분명하게 이야기한 게 있는 게 아니기 때문이다. 김종필이 황태성을 만났는가 하는 것도 두 가지 설로 나뉘어 있다. 만났다는 주장도 있고, 얼굴이 비슷한 경감을 김종필로 위장해서 만나게 했다는 설도 있다. 후자가 유력하다.

── 황태성은 1961년 10월 20일 체포된 후 1963년 12월 14일 처형된다. 박정희와 김종필은 황태성 문제를 숨겼지만, 2년여의 시간이 흐르는 동안 황태성의 존재가 세상에 알려지면서 정치 쟁점으로 번지지 않나.

황태성은 군법회의에 회부됐다. 그런데 대법원에서 '군법회의 판결 조문이 잘못 적용된 것이다'라고 해서 파기 환송했다.* 그렇게 대법원과 군법회의를 왔다 갔다 하는 과정에서 미군 당국이 알게 됐다고 한다. 미군 정보 당국이 수차례에 걸쳐 '황태성을 우리에게 인도해라. 물어볼 게 있다'고 강력히 요구하지만, 처음에는 불화와 긴장 속에서 넘겨주지 않았다. 그러다가 나중에 황태성은 미군 정보 당국의 심문을 받게 된다.

1963년 8월 13일 제4차 한미 잉여 농산물 도입 협정이 체결됐는데, 황태성을 미군에 넘긴 것을 계기로 이 협정이 발효됐다. 그러

● 군법회의 1심과 2심은 국가보안법을 적용해 황태성에게 사형을 선고했다. 대법원이 파기 환송하자, 군법회의는 국가보안법과 함께 형법의 간첩죄를 적용해 다시 사형을 선고했다.

1963년 12월 14일 자 경향신문. 간첩죄로 사형이 확정된 황태성에 대한 총살형이 12월 14일 오전 인천 근교 육군 모 부대에서 집행됐다는 소식을 전하고 있다.

면서 밀가루 11만 5,000톤 추가 도입이 확정되고, 인천항에 정박해 있던 미국 화물선에서도 밀가루를 하역하기 시작했다. 그와 함께 미쓰이물산과 비밀리에 맺은 소맥 구입 계약을 통해 확보한 밀가루도 도착했다. 군부 정권은 태풍 피해가 심했던 영호남의 수재민들에게 이 밀가루를 무상으로 지급했다. 1963년 대선을 밀가루 선거라고 하는데, 황태성 사건은 이처럼 밀가루를 풍성하게 하는 데 기여하기도 했다.

황태성 문제가 국민한테 알려진 건 방금 얘기한 민정 이양기, 그러니까 대통령 선거 때였다. 야당에서 이걸 문제 삼았다. 그래서 세상에 알려진 것이다. 1963년 9월 하순에 허정을 비롯한 야당 측에서 진상을 밝히라고 요구했다. 그렇게 다그치니까 김형욱 중앙정보부장이 기자 회견을 통해 설명했다. 그렇지만 그걸로 가라앉지 않았다. 그렇지 않아도 박정희 전력을 들추고 있던 윤보선 후보는 '황태성이 민주공화당 사전 조직에도 개입한 것 아니냐', 이렇게 주장했다. 김형욱 회고록을 보면 '민주공화당 사전 조직 과정에서는 밀봉교육을 시켰다. 밀봉교육이었기 때문에, 설령 황태성이 사전 조직에 관여했어도 밀봉교육을 받은 사람은 알 수가 없는 것이다', 이렇게 돼 있긴 한데 설마하니 밀봉교육에까지 참여했겠나. 박정희 후보도 기자 회견을 하면서 이 사건에 대해 해명하지 않을 수 없었다.* 그 후 1963년 12월, 박정희 대통령 취임 사흘 전에 사형이 집행됐다고 발표됐다.

황태성 사건은 1964년에 또 문제가 됐다. 1964년 야당에서 '황태성에 대한 사형이 정말 집행된 것이냐. 집행하지 않았다고 한다. 지금 오키나와에 있다고 한다. 이걸 확인하자'고 하면서 국정 감사 실시를 제의했다. 여당도 할 수 없이 이것에 응하지 않을 수가 없었다. 그래서 한 달 넘게 국정 감사를 했다. 여당 측이라 볼 수 있는 다수 의견은 '사형 집행이 확실하다'고 했고 야당 측 소수 의견은 '의문의 여지가 있다. 사형을 당했다는 사진 같은 것이 문제가 있다', 이렇게 나오고 그랬다. 황태성 사건은 1972년 7·4남북공동성명

---

* 대선 닷새 전인 1963년 10월 10일, 박정희는 황태성 문제에 대해 직접 해명했다. 박정희는 "민주공화당의 조직이 간첩 황태성의 돈으로 만들어졌으며 …… 공산당 조직과 같다고 한 윤보선 씨의 발언은 모두 조작에 불과하다"고 반박했다. 또한 자신이 여순사건 관련자라는 야당 측 주장도 사실과 다르다고 해명했다. 박정희는 남로당 프락치이긴 했지만, 반란군과 직접 관련됐던 건 아니다. 그와 반대로 진압군의 일원으로 참여했다.

이 발표되고 이후락이 밀사로 평양에 갔다는 사실이 공표되면서 또 이야깃거리가 됐다. 이후락처럼 황태성도 밀사 아니었느냐는 것을 거론하고 그런 것이다.

황태성 사건을 통해 짚어본 박정희의 사고 체계

— 박정희의 좌익 전력 논란과 관련해 황태성 사건은 어떤 의미 가 있다고 보나.

황태성 밀사 사건은 박정희의 정치 이념과 기회주의적 성격이 라고 해석할 수 있는 면을 엿보게 한다는 점에서 아주 중요하다. 황 태성은 박정희가 자신이나 형 상희와 비슷한 정치 이념을 갖고 있 었다고 생각했다. 물론 박정희가 선배로서 가르침을 주는 위치에 있었던 황태성의 주장에 때로는 공명했을 수도 있고, 남로당 프락 치가 됐을 때는 공산주의에 기울어졌을 가능성도 배제할 수는 없다 고 본다. 그렇지만 그런 것들은 일시적인 현상이었고, 만주군관학 교에 입학할 때부터 쿠데타를 일으킬 때까지 박정희의 정치 이념이 라고 할까 사고는 황태성이 믿었던 것과는 차이가 나는 것이었다고 난 본다.

박정희는 해방 후 형하고 여러 번 충돌했기 때문에도 그렇게 가까운 사이는 아니었던 것 같다. 조선경비사관학교에 갈 때 돈이 없어 박상희의 카메라를 훔쳤다는 증언도 있다. 이 증언이 사실이 라면, 그렇게 해도 괜찮다는 생각을 갖고 있던 것 아니겠느냐는 생각도 든다. 박상희의 사상, 황태성의 사상 같은 것에 크게 공명했다는 증거를 찾기는 어렵다. 프락치가 된 것은 일시적으로 그 사상에 공명했다고 하더라도 박상희의 죽음과 관련해 형에 대한 죄의식 같은 것도 작용하지 않았을까. 그리고 그 당시 남로당이 강력했다. 강력한 조직을 갖고 있던 것 등이 사상보다는 더 크게 작용하지 않았겠나. 그런데 그 사건 이후 배신자 즉 공산당과 결별한 자가 갖는 특성, 또 프락치가 됨으로써 출세를 망쳤다는 반감 같은 것 때문에도 사실 쿠데타가 일어나기 전부터 좌익에 대해 좋지 않은 감정을 갖고 있지 않았나 싶다.

그런 것의 배경은 군인 정신이라고 볼 수도 있다. 일본 군인들은 공산주의를 얼마나 알고 있었는가 하는 것과는 상관없이 일제 말에 극단적인 반공주의를 들고나온다. 그래서 파시즘이나 나치즘처럼 '공산주의는 인간을 부패하게 만드는 박테리아'라고 하는 글들이 많다. 공산주의는 아주 나쁜 병균이라고 주장하고 있었다. 난 박정희가 이 시기에 이런 사상의 영향을 많이 받았을 것이라고 본다. 1970년대 유신 체제 담화문 같은 걸 보면 이것과 비슷한 이야기가 꽤 많이 나온다.

군 복귀 공약,
박정희는 처음부터 지킬 생각 없었다?

민정 이양, 다섯 번째 마당

김 덕 련 제3공화국의 탄생 과정은 반칙의 연속이었다. 쿠데타 자체가 반칙이기도 하지만, 5·16쿠데타 세력은 그 후에도 권력을 내놓지 않기 위해 안간힘을 쓰며 거듭 반칙을 했다. 이를 되짚어보면, 박정희와 김종필 등은 민정 이양과 군 복귀를 이야기한 '혁명 공약'을 처음부터 지킬 생각이 없었던 것 아닌가 하는 생각이 든다. 어떻게 보나.

서 중 석 박정희 군사 정권은 민정 이양기를 맞으면서 아주 심각한 위기를 맞이하게 된다. 그건 권력을 계속해서 유지하려는, 민정 이양 후에도 권력을 잡으려는, 대통령이 되려는 박정희나 김종필의 야심이 큰 벽에 부닥쳤기 때문에 생긴 현상이었다.

군사 정권이 5·16쿠데타가 성공했다고 1961년 5월 16일 새벽에 방송을 했을 때 '혁명 공약' 제6항이란 걸 내놨다. '5·16 혁명 공약 여섯째' 해가지고 이렇게 발표했다. "이와 같은 우리의 과업이 성취되면 참신하고도 양심적인 정치인들에게 언제든지 정권을 이양하고 우리들 본연의 임무에 복귀할 준비를 갖추겠습니다."

이 여섯 번째 항목 때문에 '쿠데타는 용납해서는 안 되는 헌정 파괴이자 불법 행위이지만, 봐줄 수 있지 않겠느냐'는 생각을 일부에서 갖게 됐다고 볼 수 있다. 문제는 이 공약을 제시한 박정희와 김종필이 정말로 지키려는 의사가 처음부터 있었다고 보기 어려운 점이 너무나 많다는 데 있다. 그렇다면 무엇 때문에 이런 공약을 했는지, 공약을 안 하면 쿠데타가 성공하는 데 큰 장애에 부닥칠 거라고 봤기 때문에 이 공약을 집어넣었는지, 처음부터 국민을 속이기 위해서 그렇게 한 것인지는 알기가 어렵다.

우리 속담에 뒷간에 갈 때와 올 때의 마음이 다르다는 말이 있

5·16쿠데타 후 논산 훈련소에 내걸린 현수막.
"혁명 과업 완수에 총진군하자"라고 씌어 있다.
사진 출처: 국가기록원

민정 이양

1961년 12월 재일 교포를 위한 만찬에서 한 관계자가 '혁명 공약'을 낭독하고 있다. 사진 출처: 국가기록원

다. 쿠데타를 일으킬 때에는 '혁명 공약' 제6항을 집어넣어 민심과 외국의 반발을 어르고 달래려 했지만, 막상 쿠데타에 성공했는데 국내외에서 민정 이양을 조속히 해야 한다는 여론이 일자 '혁명 공약' 6항을 변개하려는 시도를 쿠데타 주모자들이 했던 것 같다. 조갑제 책에 1961년 6월 19일 자 기사 때문에 구속된 민국일보 정치부장 조세형 관계 글이 있다. 앞에서 말한 '혁명 공약' 6항에서 "본연의 임무에 복귀"한다는 핵심이 빠지고 그 부분이 "민주공화국의 굳건한 토대를 이룩하기 위하여 우리는 몸과 마음을 바쳐 최선의 노력을 경주하겠습니다"로 바뀐 것을 알고 민국일보가 보도하자, 최고회의는 '그것은 민간인용'이라고 하면서 조세형을 구속했다. 그러나 조세형 기자가 보도한 대로 쿠데타 주모자들은 '혁명 공

약' 6항을 대체하려고 했던 것 같다. 바뀐 부분을 다시 한 번 읽어봐라. "이와 같은 우리의 과업을 조속히 성취하고 새로운 민주공화국의 굳건한 토대를 이룩하기 위하여 우리는 몸과 마음을 바쳐 최선의 노력을 경주하겠습니다." '우리의 과업'이라는 표현도 그렇고, 전체적으로 쿠데타를 일으킨 자의 공약으로 읽힐 수 있도록 돼 있지 않나. 일반 민간인의 공약으로 보기에는 문장이 맞지 않는다. '혁명 공약' 6항을 처음부터 이렇게 만들어놓았으면 그것으로 통용시킬 수 있었을 것이다. 그렇지만 이미 6항은 있었다. 그것을 바꾸면 국내외에서 받을 압력과 의심도 커질 것이 분명하지만, 최고회의에 참여하고 있는 군인들을 포함해 군부 내부에서도 의아심과 분열이 생길 게 분명했다. 그래서 할 수 없이 제6항은 두 개가 생겨나게 됐던 바, 억지로 '민간'이라는 부분으로 하나를 더 공약한 꼴이 됐다. 권력에 대한 쿠데타 핵심의 집착이 이러한 웃지 못할 소극笑劇을 연출한 것이다.

조속한 민정 이양 촉구한 여론,
거부 반응 보인 쿠데타 세력

—— '혁명 공약' 제6항은 박정희를 비롯한 쿠데타 핵심들이 '우리는 대통령이나 총리 같은 자리에 연연하지 않는다'고 천명한 조항이라고 볼 수 있다. "우리의 과업이 성취되면"이라는 조건을 달아 빠져나갈 길을 열어두긴 했지만, 쿠데타 세력으로선 민정 이양 문제가 계속 골칫거리였을 것 같다. 어떠했나.

5·16쿠데타 후 군사혁명위원회 의장이 되고 조금 있으면 최고회의 의장이 되는 장도영 육군 참모총장은 민정 이양을 해야 한다는 것을 처음부터 명확하게 표명했다. 군사혁명위원회 의장일 때인 1961년 5월 17일, 장도영은 케네디 미국 대통령에게 바로 이 여섯 번째 항목을 포함한 '혁명 공약'을 명시해 서한을 보냈다고 돼있다. 군사혁명위원회가 최고회의로 바뀐 5월 19일, 그리고 같은 달 29일 기자 회견을 했을 때 장도영은 '조속한 시일 내에 민정 이양을 하겠다'고 공언했다.

언론은 쌍수를 들어 환영했다. 미국도 이 부분을 아주 중시하고 환영했다.● 사실 언론은 쿠데타란 건 일시적인 것이고 정상적인 민간 정부가 바로 다시 들어서야 한다는 것을 쿠데타가 일어난 바로 그때부터 주장했다. 한 신문은 5월 16일 자 사설에서 '비상사태 종결은 전 국민이 하나같이 원한다'고 표현했다.●● 1960년대 후반 이후 언론이 꼼짝 못하는 것에 비하면 5·16쿠데타가 났을 때는, 워낙 중요한 사안이어서 그랬을 수도 있지만, 언론이 그래도 할 소리를 했다는 것을 보여준다.

── 언론은 물론 미국까지 이 문제를 중시했다는 점에서도 시쳇말로 쿠데타 세력이 제 발등을 찍은 셈이다. 박정희를 비롯한 쿠데타 세력의 핵심들은 어떤 태도를 취했나.

● 1961년 5월 26일, 케네디 대통령은 장도영의 서한과 관련해 "정권을 민간인에게 이양할 의도를 표명한 데 대해 …… 만족스럽게 생각한다"고 밝혔다.
●● 조선일보는 5·16쿠데타 당일 사설을 통해 "단 하루라 하더라도 불필요한 비상사태의 계속을 원하지 않는 것이 전 국민의 기망冀望일 것"이라고 밝혔다.

5월 23일 박정희도 기자 회견에서 '적시'에 총선거를 실시하겠다며 "군대가 필요 이상으로 정권을 지속할 생각은 없다", 이렇게 밝혔다. '적시'가 언제인지는 모르지만 좀 희망적인 발언을 한 것이다. 그런데 장도영 회고록을 읽어보면 자신이 기자 회견 같은 걸 통해 조속한 시기에 민정 이양을 하겠다고 천명한 것을 쿠데타 주동자 쪽에서 싫어한 것으로 표현하고 있다. 그런데 그것은 이미 최고회의 내부에서 나오고 있었다.

6월 2일 원충연 최고회의 보도국장, 나중에 공보실장을 맡는 사람인데, 이 사람은 "정권 이양에 앞서 …… 정치, 경제, 사회의 제 분야에서 근본적인 개혁을 단행해야 할 것이고 …… 북한 괴뢰의 경제력을 우월할 수 있는 기반을 마련"해야 할 것이라는 성명을 발표했다. 그러면서 그 시기가 "최단시일 내에 도달하기를 희망"한다고 했지만, 그게 언제인지는 도무지 알 수가 없었다. 또 "오는 8월 15일경 민간인으로 구성된 과도 정부에 정권을 이양할 것을 고려 중이라는 외신 보도는 …… 하등 근거가 없다"며 "무책임한" 보도라고 얘기했다. 내각 공보부 장관이던 심흥선 소장도 '8·15 전후 정권을 과도 정부에 이양할 것이라는 AP통신 보도는 터무니없는 추측 기사다', 이렇게 얘기했다. 원충연이건 심흥선이건 정권을 그렇게 빨리 이양할 생각이 없다는 얘기를 한 것이다.˚

앞에선 민정 이양 성명 발표,
뒤에선 공화당 이원·사전 조직

── 1961년 8월 12일 박정희 최고회의 의장은 드디어 민정 이양 시

기를 성명으로 얘기했다. 이때 이 이야기를 한 특별한 이유가 있나.

국내외 이목이 '언제 정권을 이양할 것인가', '조속히 정권을 이양하라'로 쏠려 있는 것을 마냥 두고 볼 수 없는 상황이어서 그랬을 것이다. 박 의장은 이 성명에서 '정권 이양 시기는 1963년 여름으로 예정한다. 정당 활동을 허용하는 시기는 1963년 초가 될 것이다. 대통령 중심제로 하겠다', 이렇게 밝혔다. 아주 중요한 정권 이양 시기를 명확하게 밝힌 성명이었다. 비록 2년 후로 얘기했다고 하더라도 어쨌든 그 시기를 명확하게 군사 정권에서 이야기한 건 이게 처음이다.

이 8·12 정권 이양 성명은 박정희 의장이 별 2개를 후딱후딱 더 달아 대장이 되고 나서 그해 11월 14일 케네디 대통령과 미국에

● AP통신은 6월 1일, '8·15 전후 조기 민정 이양설'을 보도했다. 5·16쿠데타 세력은 이를 즉각 부인했다. 그 와중에 동아일보 필화 사건이 터졌다. 1961년 6월 3일, 윤보선 대통령은 5·16쿠데타 후 청와대에서 처음으로 열린 기자 회견에서 조속한 민정 이양을 촉구했다. 동아일보는 이를 크게 보도했다가 5·16쿠데타 세력에게 된서리를 맞았다. 발끈한 5·16쿠데타 세력은 해당 기사를 작성한 이만섭·이진희 기자는 물론 편집국장을 비롯한 데스크까지 연행했다. 그에 더해 청와대 비서관도 끌고 가 조사했다. 1989년 동아일보에 연재된 윤보선 회고에 따르면, 이때 박정희는 청와대 비서관에게 "우리가 목숨을 내걸고 한 혁명인데 누구에게 함부로 정권을 내주라고 한단 말인가"라고 "분에 떨리는 듯"한 목소리로 이야기했다고 한다. 6월 5일, 공보부 장관 심홍선은 모 일간지가 대통령 발언을 조작했다고 강변하며 이는 "혁명 정신에 위배되는 행위"라고 엄포를 놓는 담화를 발표했다. 한편 필화 사건의 당사자인 이만섭·이진희 기자는 훗날 군사 정권과 밀착한다. 이만섭은 1963년 민주공화당 의원을 시작으로 8선 국회의원을 하며 국회의장을 역임했다. 이진희는 1970년대에 유신정우회 의원으로서 국회에 들어갔고, 전두환 정권 때는 MBC 사장, 문화공보부 장관 등을 맡았다. 1980년 MBC 사장 시절, 대담 프로그램을 통해 "그동안 국보위(국가보위비상대책위원회)를 만드시고 노고가 크신 전 장군께서는 새 시대를 영도해야 할 역사적 책무를 좋든 싫든 맡으셔야 할 위치에 있지 않나 봅니다"라고 하는 등 노골적으로 전두환을 예찬한 것은 30년 넘게 지난 지금도 회자된다.

1961년 8월 13일 자 동아일보. 박정희는 성명을 통해 '정권 이양 시기는 1963년 여름으로 예정한다. 정당 활동을 허용하는 시기는 1963년 초가 될 것이다. 대통령 중심제로 하겠다'고 밝혔다.

서 낸 공동 성명서에서 다시 확인됐다. 박 의장은 공동 성명서에서, 8월 12일에 공표한 바와 같이 1963년 여름에 정권을 민간에 이양하겠다는 엄숙한 공약을 재강조했다. 케네디 대통령은 가급적 조속히 민간 정부를 재수립하겠다는 한국 정부의 의도에 대해 특히 만족의 뜻을 표명했다. 공동 성명에서 이렇게 딱 못을 박고 미국도 환영의 뜻을 분명히 밝혔다. 그런데 8월 12일 박정희 의장이 민정 이양 성명을 발표한 것은 쿠데타 세력의 핵심인 박정희와 김종필한테 이미 복안이 있었기 때문이라고 볼 수 있다.

── 어떤 복안이었나.

1963년 1월 1일 정치 활동이 재개되면서 야당을 만들려는 노력 같은 게 나올 때 '군사 정권이 당을 사전 조직했다', 이 문제가 크게 부각된다. 그러자 민주공화당 대변인은 1963년 2월 7일, 사전 조직 주장은 "악의적인 중상모략"이라고 반박했다. 그렇지만 사전 조직은 아주 깊숙이 돼 있었다.

8·12 성명 직후로 보이는데 김종필의 중앙정보부 쪽에서 신당의 정책 개발을 담당할 대외문제연구소라는 것을 만들었다고 돼 있다. 정치학, 법학, 경제학, 교육학 등의 학자들과 중앙정보부의 여러 간부까지 다 합쳐서 21명이라고 숫자까지 나와 있다. 대외문제연구소에서는 그해 10월 중순에 8·15 계획서라는 것을 작성한 걸로 돼 있다.

8·15 계획서에는 민정 이양 시기가 1963년 8·15로 돼 있다. 8월 12일 박 의장은 민정 이양 시기를 1963년 여름이라고 했는데, 이 계획서는 날짜를 딱 잡았다. 이때로 시기를 딱 정한 8·15 계획서에는 그동안 신당의 기구, 강령, 정책을 준비하기 위한 구체적인 행동 계획이 소상히 기록돼 있다.°

이 계획서에 근거해 1962년 1월 대외문제연구소와 관련해 총괄한 건 중앙정보부 행정차장 이영근(육사 8기)으로 나와 있다. 중앙정보부 행정차장은 고위직이다. 이영근을 중심으로 한 이 사람들이 이런 사전 조직 작업을 해가면서 기간요원을 포섭했다. 그러면서

° 8·15 계획서의 핵심 내용은 다음과 같다. ▲ 군인들이 예편해 대선과 총선에서 승리하고 민정에서도 정권을 잡아야 한다. ▲ 선거 승리를 위해 군인이 참여할 정당을 만들어야 한다. ▲ 정당을 만들기 위해 때가 묻지 않은 민간인들의 협조가 필요하다. ▲ 구정치인의 도전을 물리칠 방법을 찾아야 한다. ▲ 이러한 목표를 달성하기 위해 새 헌법과 선거 제도를 고안해야 한다.

1962년 1월 말에 비밀리에 법조계, 언론계 등 각계 인사 52명으로 재건동지회라는 것을 구성했다고 그런다. 대외문제연구소가 먼저 생기고 그다음에 8·15 계획서가 나오고 그러고 나서 재건동지회가 구성된 것이다.

이것을 보면 박정희나 김종필은 국내외의 압력으로 8·12 성명 이라는 굉장히 중요한 이정표를 발표하기는 했지만 발표할 때에도 그걸 지킬 의사가 전혀 없었다고 볼 수 있다. 그뿐 아니라 야당을 비롯해 다른 사람들의 손발을 계엄으로 다 묶어놓고 자신들은 중앙 정보부라는 초거대 조직을 이용해 신당 조직에 착수하여 대선과 총 선에서 승리하는 것, 그리고 그러한 승리를 가능하게 할 새 헌법과 선거 제도를 고안하는 것을 자신들의 과제로 삼았던 것이다. '혁명 공약'도, 8·12 성명도 지킬 생각이 없이 공약하고 성명을 발표하는 사람들을 어떤 부류의 사람으로 판단할 수 있는 것인지 모르겠다.

— 다른 세력은 움직이지 못하도록 꽁꽁 묶어놓고 자신들은 권력 연장 작업을 하면서 뒤통수쳤다고 볼 수밖에 없을 것 같다. 신 당 사전 조직 작업은 그 후 어떻게 진행되나.

각계 인사로 구성된 재건동지회는 1962년 4월 훈련원을 설치 했다고 한다. 고려대 교수이자 정치학자인 윤천주가 훈련원장이 됐 다고 하는데 이 훈련원이 나중에 크게 문제가 된다. 1962년 말까지 1,000여 명의 요원을 교육했다. 이게 민주공화당 사무 조직의 핵심 요원들이라고 얘기들을 하는데 밀봉교육, 그러니까 밀실에서 교육 을 받았다고 한다. 하여튼 특수 교육을 받았다고 해서 이것 때문에 도 '공산당식으로 교육을 받았다'고 최고회의 내 반대파나 야당에서 몰아세우고 그런다.

재건동지회는 '혁명 과업'을 계승할 수 있는 신당의 강령, 정강, 정책, 이념을 수립했다. 그러면서 정말 나중에 크게 문제가 되는 조직을 여기서 또 한 것으로 돼 있다. 일사불란한 당무 처리를 위해 강력한 사무 조직을 갖도록 한 것이다. 중앙당이 모든 지역에 있는 사무국 요원을 임명하는 방식이었다. 이 요원은 앞에서 말한 훈련을 받은 사람들로 주로 충원되는 방식이었다. 그 사무국 책임자가 당무만이 아니라 당 재정까지 책임지고 국회의원 후보 공천도 여기서 하는 것으로 처음에는 나와 있었던가 보다. 국회 운영도 당연히 사무국 중심으로 이루어지게 된 것이다.

그래서 공화당은 이런 사무당원하고 정치당원, 이 두 가지로 나뉜 악명 높은 이원 조직으로 처음부터 조직됐다고들 얘기하고 있다. 정치당원은 국회의원도 하고 그러는 사람을 가리킨다.

다른 세력 묶고 은밀히 거대 신당 만든
박정희·김종필 세력의 뒤틀린 "혁명 정신"

── 나중에 민주공화당이 되는 이 신당에 대해 당시 일각에서는 '공산당식으로 조직된 것 아니냐'고 공격했다. 근거가 있는 비판인가.

이 이원 조직에 대해 '공산당 조직과 닮았다. 공산당 조직 아니냐'고 최고회의 내 반대 세력이나 야당에서 막 들고일어났다. 이건 공산당 조직하고는 아무 상관이 없다. 모두 알다시피 공산당 조직은 블라디미르 레닌이 정립한 민주집중제에 의한 철의 규율을 가진 조직이다.

이 이원 조직이 어디에 근거했는지는 지금까지 어느 누구도 발설하지 않았기 때문에 알 수가 없다. 박정희의 아이디어인지 김종필의 아이디어인지, 아니면 재건동지회에 참여한 다른 정치학자의 아이디어인지를 알 수가 없다. 다만 박정희와 김종필은 쿠데타를 일으킬 때나 민정 이양기나 그 이후나 '강력한 통치가 필요하다. 영도자가 국가를 이끌어가야 한다', 이런 생각을 강하게 갖고 있지 않았나. 그렇게 하기에 가장 좋은 형태로 당을 조직하고 국회를 운영하려는 태도가 이원 조직으로 나타난 것이 아닌가 하는 생각이 든다.

사실 독재자에게 국회라는 건 거추장스러운 존재인데 그렇다고 해서 없앨 수도 없지 않나. 현대 사회에서 겉모습은 삼권 분립 형태를 띠어야 하니, 국회는 꼭 있어야 하는 제도인 셈이다. 그렇지만 강력한 영도력을 뒷받침해주는 정도의 역할만 국회가 했으면 좋겠다고 보는 건데, 그렇게 되도록 하려면 국회의원들이 지시에 일사불란하게 따라야 한다. 그래서 국회의원들의 모든 걸 장악할 수 있는 방식으로 사무국을 만든 것 아닌가 하는 생각이 든다. 당무와 당 재정과 당 공천을 장악하면 다 장악한 것과 마찬가지 아닌가.

── 5·16쿠데타 세력의 핵심 인사들은 이른바 "혁명 정신"을 강조하지만, 실제로는 그걸 무색하게 만드는 반칙을 거듭했다. 저들이 어떤 생각으로 이런 일을 벌였다고 보나.

이 신당은 1962년 3월 말까지 중앙 조직을 충원하고 그 골격을 마련한 것으로 돼 있고 그해 8월 말까지는 지방 조직 충원을 완료한 것으로 돼 있다. 10월로 가면 중앙과 지방의 이원 조직에서 그 사무국 조직을 구성했다. 그렇게 해서 1962년 말까지 1,200여 명의 요원으로 조직을 일단락했다. 간단히 얘기하면 사전 조직이 된 것이다.

야당이건 다른 정치 세력이건 '너희는 가만히 있어라. 일체 정치 활동을 하면 안 된다'고 모두 묶어놓고 김종필이 중심이 돼서 이런 강력하고 거대한 새로운 당을 만들어낸 것이다. 여기서 다른 정치 세력이라 하면 다른 최고위원들을 가리킬 수도 있다.

'너무 몰염치한 것 아니냐. 혁명 정신을 주장하면서 어떻게 이런 짓을 할 수가 있느냐', 이런 비난과 비판이 그 후 끊임없이 나왔다. 하지만 박정희나 김종필은 다른 사람들이 하면 잘못이지만 자기들이 하는 일은 다 옳다는 생각을 갖고 있었던 것으로 보인다. 그 후 취한 태도를 보면, 집권하기 위해서라면 수단과 방법을 가리지 않고 무슨 짓을 하든지 간에 잘못이 아니라는 생각을 갖지 않았나 싶다.

이런 사고를 갖고 있으면, 철면피라는 식으로 비난해봤자 소용 없다. '권력을 잡고 바로 내줄 생각을 했으면 무엇 때문에 쿠데타를 일으켰겠느냐. 일으켰으면 우리가 권력을 단단히 잡아야 하는 것 아니냐', 이런 생각을 처음부터 확고히 하고 있었던 것 아닌가. 그런데 문제는 민정 이양을 하고 본연의 임무에 복귀한다는 '혁명 공약' 제6항을 내놓은 것이다. 그것 때문에 공격을 당하고 골머리를 앓는 일이 생긴다.

정치 정화 허울 아래
혁신계 묶고 '구악 중 구악' 포섭

민정 이양, 여섯 번째 마당

김 덕 련 박정희와 김종필을 중심으로 한 5·16쿠데타 세력은 권력을 내놓지 않기 위해 민주공화당 사전 조직 이외에 어떤 조치를 취했나.

서 중 석 사전 조직을 방대하게, 밀실에서, 중앙정보부 조직을 최대한 이용해서 했는데 이것만 가지고 집권을 계획한 것이 아니었다. 지난번에 얘기한 1961년 8월 12일 박정희의 민정 이양 성명에는 중요한 내용이 또 하나 들어 있었다. "구정치인 중 부패·부정한 정치인의 정계 진출을 방지하기 위한 입법 조치를 취한다", 이것이었다. 또 8·15 계획서에는 구정치인의 도전을 물리칠 방법을 찾아야 한다는 사항이 들어가 있었다. 간단히 말하면 구정치인 중 상당수가 정계에 진출하지 못하도록 인위적으로, 법의 이름을 빌린 물리력으로 막겠다는 것이다.

그게 바로 정치활동정화법이라는 것을 만드는 것으로 나타난다. 이것도 참 악명 높은 법이다. 1962년에 들어와 중앙정보부 중심으로 작업을 해서 재건동지회가 만들어진다고 지난번에 얘기했는데, 정치활동정화법도 1962년 들어 구체화된다.

1962년 2월 3일 윤보선 대통령은 기자 회견에서 '구정치인의 출마를 제한한다는 것은 재검토되기를 바란다'고 밝혔다. 구정치인에는 자기도 들어가지 않나. 구정치인이라는 말 자체가 성립될 수 있느냐 하는 것도 논란거리지만, 간단히 이야기하면 쿠데타 이후 등장한 군인들이 기존의 모든 정치인을 구정치인으로 규정하고 자신들이야말로 신정치인 또는 새 정치인이라고 주장한 것이다. 그러니 윤보선으로서는 자기가 대통령일 때 이 법이 통과되면 자기 동료들한테 얼마나 욕을 얻어먹겠나.

1962년 3월 22일 정치활동정화법 제정에 반대 의사를 표명해온 윤보선 대통령이 하야 성명을 발표하기 위해 기자 회견장에 들어서고 있다. 사진 출처: e영상역사관

그런데 김종필 중앙정보부장은 '아직도 일부 몰지각한 구정치 인들이 혁명 성업을 모독하고 있는 것은 용서 못할 처사다. 이러한 자들에게는 정권을 넘길 수 없다'고 역설하면서 '1~2년 동안에 이런 부패한 역사가 해결된다고 보기는 어렵겠다', 이런 이야기를 또 한다.

반대파 옥죄고 야권 분열 조장한
정치활동정화법

── 5·16쿠데타 세력은 정치활동정화법을 어떤 방식으로 활용 했나.

1962년 3월 16일 최고회의에서 정치활동정화법이 통과됐다. 이 법에 대해선 역시 김종필 부장이 아주 짤막하고 적절하게 잘 얘기했다. 앞으로 정부가 정책을 강력히 수행하는 데 있어서 여러 가지 부당한 말썽을 일으킬 만한 "보균자"들에게 한 번 내지 두 번 정도 국회의원만 되지 말아달라는 것이었다. "보균자"라고 표현했다. 대통령은 자기들이 할 것이라고 확고하게 생각했는지, 하여튼 한 번 내지 두 번 정도만 국회의원이 되지 말아달라고 얘기했다.

이 말은 나중에 정확하게 구체화된다. 상당수는 1963년 국회의원 선거에 출마할 수 있게 되지만, 일부는 1963년 총선은 물론 1967년 선거에도 출마를 못 하게 된다. 그러니 이런 사람은 두 번 출마를 못하게 되는 것이고, 상당수는 한 번(1963년 선거) 못하게 되는 것이며, 나머지는 정치 활동이 허용된 것이다.

단순하게 보면, 정치활동정화법은 박정희, 김종필이 강력한 통치를 하기 위해 방해물을 제거하거나 정치적 반대자를 약화하기 위한 것이라고 얘기할 수 있다. 그러나 그것만이 아니었다. 정치활동정화법을 적절히 이용하면, 그러니까 누구는 풀어주고 누구는 안 풀어주는 식으로 하면서 야권을 서로 불신케 하고 분열, 갈등을 조장하는 간특한 머리도 작용한 것 아니냐는 이야기를 들었다.

—— 5·16쿠데타 세력은 이승만 정권의 주요 인사들을 선별해 끌어들이고 혁신계를 확고하게 묶어두는 데도 이 법을 써먹지 않나.

● 김종필은 1962년 3월 20일, "정치활동정화법은 구정치인들 중 신정부를 까부술 위험성이 있는 자들을 나오지 못하게 하려는 것이 그 근본 목적"이라며 "보균자는 자진해서 국회에 안 나오는 것이 좋을 것"이라고 말했다.

1962년 3월 16일 정치활동정화법이 통과되었다는 속보판을 보고 있는 시민들. 박정희 세력의 집권에 방해가 될 반대파를 표적으로 삼은 법 제정이었다. 사진 출처: 국가기록원

　　윤보선은 더는 대통령을 할 수 없으니 3월 22일 사임했다. 그러니까 박정희가 바로 대통령 권한 대행이 된다. 4,374명을 '해당자'로 정하고 그 명단을 공고했다. 그러면서 구정치인 가운데 신고를 하게 했는데, 2,958명이 정치활동정화위원회에서 자신들의 적격 여부를 처리해달라고 청구한 것으로 돼 있다.° 1962년 5월 30일, 2,958명의 45퍼센트인 1,336명을 적격자로 규정해 '이 사람들은 정치를 할 수 있다'고 풀어줬다. 그해 12월 31일에 가서는 171명을 또 추가 해금했다. 어느 경우나 자유당이 많다. 특히 12월 31일에는 이

●　이 위원회에서 적격 판정을 받지 못하면 1968년 8월 15일까지 정치 활동을 하지 못하도록 법에 규정돼 있었다.

승만 정권 말기 국방부 장관을 한 김정열, 초대 내무부 장관인 윤치영 같은 사람들이 풀렸다. 나중에 둘 다 민주공화당에서 의장 등의 중책을 맡게 되는데, 그중에서 윤치영은 역시 윤치영답게 박정희의 3선 개헌에 발 벗고 나선다.

1963년 2월 1일에는 또 275명을 해금한다. 이때도 자유당계가 많았다. 박정희 의장은 망명지인 하와이에서 앓고 있던 이승만 전 대통령의 귀국 문제를 심심히 고려하고 있다고 피력하면서, 자유당계의 민주공화당 입당을 유도하고 있었다고 한다.** 마지막으로, 물론 선거를 앞두고 한 것인데, 1963년 2월 27일까지 추가 해제했으나 269명은 제외했다. 이 269명 여기에 중요한 사람들이 많았다. 자유당계로는 이승만, 민주당 정권의 장면 같은 사람들이 여기에 포함돼 있었다. 그렇지만 역시 제일 많은 건 혁신계 간부급 인사들이다. 이동화, 김달호, 고정훈, 정화암, 박기출, 장건상, 윤길중 등이 다 묶여 있었다.

이 정치활동정화법은 개폐할 수가 없다고 헌법에까지 못을 박았다. 부칙 제4조 2항에다가 '못 고친다'고 못을 박아 놨다. 이렇게 해서 쿠데타 세력이 일부 정치인을 제외하면서 야당을 분열시키는 데 정치활동정화법을 이용하는 것을 볼 수가 있다.***

•• 정치적 필요에 따른 이런 표면적인 몸짓과 반대로, 박정희 정권은 이승만의 귀국을 막았다.
••• 훗날 전두환 신군부는 총칼로 권력을 잡은 후 기성 정치권 등의 발을 묶은 5·16쿠데타 세력의 방식을 그대로 이어받는다. 신군부는 1980년 11월 '정치 풍토 쇄신을 위한 특별 조치법'을 만들고 기성 정치인 등의 정치 활동을 금지한다. 그 대상에는 김종필도 포함 돼 있었다. 그에 앞서 신군부는 김종필을 부정 축재자로 규정했다. 5·16쿠데타 후 기성 정치인 등을 보완자로 몰아붙였던 김종필은 그렇게 20년도 안 돼 정반대 처지에 놓인 다. 전두환 정권이 막바지에 접어든 1987년 6월항쟁 이후에야 김종필은 정치 활동을 재 개하게 된다.

새 헌법 만들어
대통령에게 막강한 힘 부여한 이유

── 쿠데타 세력은 정치활동정화법을 만들어 야당 정치인들을 옥
죄고 분열시키는 한편 헌법을 만드는 작업에 구체적으로 들
어간다. 그런데 국민이 직접 뽑은 대의 기관도 아닌 최고회의
에서 헌법 문제를 다루는 게 적절한가 하는 것도 논란거리 아
닌가.

나중에 제3공화국(3공) 헌법으로 불리는 것이다. 1962년 7월 11
일 최고회의는 헌법심의위원회를 구성했다. 여기에는 민간 전문위
원을 비롯한 21명이 참여했다. 대개 새로 만드는 헌법은 제정이 될
수밖에 없다. 쿠데타로 제2공화국을 무너뜨렸으니 장면 정부 때 헌
법의 수순에 따라 새 헌법을 만들 수는 없는 노릇 아닌가. 그런데
최고회의에서는 '국가재건비상조치법을 고쳐 헌법 개정의 절차를
취하겠다'고 발표했다. 그러면서 '헌법안을 만들면 최고회의 의결을
거쳐 국민 투표로 확정한다'고 언명했다. 이러면서 국민 투표가 다
시 부각된다. 국민 투표법은 10월 12일에 제정된다.

국민 투표는 이승만 정권의 악명 높은 사사오입 개헌에 포함
돼 있었다. 이승만 이 노인네가 중임 제한을 철폐하려고, 그러니까
영구 집권을 하려고 개헌을 밀어붙였는데 야당은 말할 것도 없고
국민들의 반대가 워낙 심하지 않았나. 그러니까 이 양반이 '그것만
개헌하자는 게 아니다. 오히려 개헌은 국민 투표를 할 필요성 때문
에 꼭 필요하다', 이런 식으로 몰고 갔다. 그래서 1954년 11월 국회
에서 부결됐다고 선포한 걸 다시 사사오입으로 강변하면서 통과됐

다고 주장하는 그 헌법에는 제7조에 "대한민국의 주권의 제약 또는 영토의 변경을 가져올 국가 안위에 관한 중대 사항은 국회의 가결을 거친 후 국민 투표에 부친다"고 돼 있었다. 그렇지만 이승만은 국민 투표 조항을 전혀 지킬 생각이 없었기 때문에 법률로 국민 투표법을 만들지 않았다. 1952년 발췌 개헌 때 참의원 조항을 넣었는데도 지키지 않은 것과 마찬가지다.° 그런데 드디어 이 군사 정권에 의해 국민 투표법이 의결되기에 이르렀다.

국민 투표는 그 당시 어느 나라건 간에 대개 집권 세력의 의도에 맞게 통과되며, 집권 세력의 의도와 다르게 국민 투표가 되는 경우는 거의 없다고 봐도 과언이 아니라고들 얘기하고 있었다. 이것도 마찬가지였다. 최고회의에서 통과시킨 것을 합법화한다고 할까, 합리화하는 구실로 국민 투표를 치른다. 박정희 정권 때는 이것 말고도 3선 개헌, 유신 체제 때 등 국민 투표가 몇 번 더 실시된다.

— 쿠데타 세력이 만든 새 헌법은 대통령에게 강력한 힘을 부여했다. 이는 쿠데타 세력의 핵심 인사들이 영도자의 강력한 통치를 선호한 것과 관련 있어 보인다.

이 헌법 개정안은 최고회의를 통과해서 1962년 12월 17일 국민 투표를 거쳐 확정됐다. 이 새로운 헌법은 다 알다시피 내각 책임제였던 제2공화국과 달리 대통령 중심제였다. 그것도 대통령의 권한이 한층 더 강화된 것이었다. 첫째, 부통령제를 없앴다. 부통령제

● 양원제에서 참의원은 상원, 민의원은 하원 격이다. 이승만 정권 때는 헌법에 참의원 조항이 있긴 했지만, 한 번도 구성되지 않았다.

1962년 12월 26일 박정희 의장이 국민 투표를 거쳐 통과된 헌법 개정안에 서명하고 있다. 이 헌법 개정으로 인해 대통령의 권한이 한층 강화되었다. 사진 출처: e영상역사관

를 없앤 데는 박정희와 김종필의 속셈이 각각 달랐을 수 있을 것이고, 다른 최고위원들의 생각도 작용하고 그랬을 것이다. 그런데 부통령 제도를 제도화해놨더라면 과연 유신 체제가 탄생할 수 있었겠느냐, 3선 개헌을 하는 게 용이했겠느냐 하는 점은 생각해볼 수 있다. 부통령이라는 자리가 대통령의 권한을 일정 정도 견제할 수 있다는 점 때문이다.

오늘날에도 헌법을 고쳐야 한다는 여론이 있는데 이 부통령제를 다시 살리는 것을 생각해볼 필요가 있다. 그 경우엔 이승만 정권처럼 대통령과 부통령을 따로따로 선거하게 하는 게 아니라 러닝메이트 제도로 꼭 해야 한다. 박정희 정권의 행태를 되돌아볼 때 부통령제를 두는 것은 충분히 생각해봤으면 좋겠다.

어쨌건, 부통령제를 없앤 대신 국무총리를 뒀다. 헌법에 국무

총리의 권한이 없는 것은 아니다. 지금까지도 논란이 많이 되는 국무위원의 임명 제청권과 해임 건의권을 갖고 있었다. 물론 어느 누구도 그 권한을 제대로 행사해본 적이 없었다. 이승만 정권 때도 '국무총리는 장관만도 못하다', 그렇게 얘기됐다. 이승만은 권력에 대한 집착이 워낙 강해서 사사오입 개헌을 할 때 국무총리제까지 없앴다. 어쨌건 새 헌법에선, 실질적으로는 별 힘이 없고 얼굴마담 역할을 주로 하긴 했지만 국무총리제를 뒀다.

그리고 헌법심의위원회 다수 의견으로 국무원을 장면 정권 때나 제헌 헌법처럼 의결 기관으로 해야 한다고 주장했지만, 쿠데타 권력은 국무회의로 이름을 바꾸고 결국 심의 기관으로 격하했다. 이처럼 대통령의 권한이 강력했다. 대통령한테는 국가 긴급권, 입법 거부권까지 보장돼 있지 않았나. 그와 더불어 이 헌법에는 아주 독특한 게 들어갔다.

괴상한 비례 대표제,
헌법·선거법을 자기들 입맛에 맞춘 쿠데타 세력

— 무엇인가.

제36조에 "국회의원 후보가 되려는 자는 소속 정당의 추천을 받아야 한다", 제64조엔 "대통령 후보가 되려는 자는 소속 정당의 추천을 받아야 한다", 이렇게 돼 있다. 한마디로 무소속 후보가 대통령이나 국회의원으로 나올 수 없게끔 만들어버렸다.

이것에 대해 여러 정치학자가 '정당을 육성하려고 그런 것'이라고 썼다. 그런데 이 부분에 대해 그 당시 이미 한 신문에서 '이것은 야당 난립을 불러일으킨다'고 지적했다. 여러 야당이 나올 수밖에 없게 만든다는 설명이었다. '무소속으로 나올 수 있으면 당을 안 만들어도 되지만 이런 식으로 해놓으면 꼭 국회의원이 되고자 하는 사람들, 되든 안 되든 대통령으로 나오겠다고 하는 사람들은 당을 만드는 수밖에 없지 않느냐. 그러면 야당이 제구실을 할 수가 있느냐. 그런 점에서 이 부분은 문제가 많으니 이를 고려하라'고 요구한 것에 문제점이 잘 나타나 있다.

이 헌법은 제38조에 뭐까지 붙여놨냐 하면, "국회의원은 임기 중 당적을 이탈하거나 변경한 때 또는 소속 정당이 해산된 때는 그 자격이 상실된다"고 해 놨다. 국회의원이 당의 명령을 잘 듣지 않으면 안 되게끔 하는 부분이었다. 한마디로 야당을 난립시키면서 강력한 통치를 하기 위해 여당이 명령에 잘 따르도록 만들기 위한 방책으로 이걸 넣어놨고, 그렇게 활용된다.

그래서 유신 헌법으로 가면 또 싹 바뀌지 않나. 다 알다시피 유신 체제에서는 한 선거구에서 국회의원을 두 명씩 뽑게 돼 있었다. 그러면 반드시 한 명은 여당, 즉 민주공화당이 될 수 있다고 봤으니 문제는 야당을 떨어뜨리는 것 아닌가. 그렇게 하려면 무소속 후보가 나오게 해야 한다. 그래서 유신 헌법에서는 무소속 출마를 가능하게 해버렸다.

— 지난번에 살펴본 8·15 계획서의 핵심 중 하나는 '군인들이 민정에서도 계속 권력을 잡을 수 있도록 새 헌법과 선거 제도를 고안해야 한다'는 것이었다. 헌법뿐만 아니라 국회의원 선거법에도 이것이 강하게 작용했을 것 같다. 실제로 어떠했나.

국회의원 선거법에도 문제 조항이 있었다. 1963년 1월 16일에 제정됐는데, 처음으로 전국구 비례 대표란 것을 두었다. 이게 44명이었다. 지역 대표가 131명이었던 걸 생각하면 그 비중이 적은 게 아니다. 비례 대표제가 당시 독일 등 다른 나라에서 시행된 것엔 두 가지 의미가 있었다. 하나는 정당에 투표한 것에서 유실 표를 막자는 것이다. 그러니까 정당 대표적 의미를 갖고 있는 것이다. 또 하나는 직능 혹은 전문성 대표라는 의미다. 각 당이 전문성을 갖추기 위해 여러 좋은 사람들을 국회로 보내게 한다는 것이다.

그러나 쿠데타 세력의 의도는 그게 아니었다. 이것도 역시 강력한 통치와 관련이 있다. 제1당의 득표율이 50퍼센트 이상이면 비례 대표 의석의 3분의 2, 그 미만이면 절반을 주게 돼 있었다. 선거에서 제1당이 되는 건 대개 여당 아닌가. 그러니 비례 대표의 최소한 반절은 여당이 먹는 것으로 돼 있었다고 볼 수 있다.

그런데 이게 또 야당한테도 나중에 이상하게 이용된다. 이 선거가 끝나고 그다음 선거부터는 '어떻게 보면 이게 국회의원 거저 되는 것이지 않나. 지역구에서 국회의원이 되려면 돈도 많이 들고 얼마나 힘든가. 그런 상황에서 전국구로 해주면 돈 좀 내야 하는 것 아니냐', 이렇게 됐다. 당시엔 '비례 대표는 국회의원 거저 되는 것이다', 이런 식으로 생각했다. 그래서 전국구로 나오려면 상당한 정치 자금을 내도록 했다. 처음에는 박정희 정권이 그걸 탄압하기도 했지만 이걸 막을 수도 없었다. 야당은 돈이 궁해 죽을 처지였으니, 전국구 비례 대표가 돈을 갹출하는 한 방법이 돼버린 것이다.

비례 대표가 직능 대표성이라든가 전문성을 진정으로 갖게 되는 것은 1987년 6월항쟁 이후다. 20세기가 끝날 무렵에는 여성에게 비례 대표 자리를 많이 주지 않나. 나중엔 반절까지 배정했는데, 여성이 의회에 진출하는 데 큰 힘이 됐다. 그리고 정말 직능 대표성이 있는 사람들도 각 당에서 추천하고 그러면서, 21세기에 와서는 비례 대표가 조금은 예전보다 그 본질에 부합하는 모습을 보여줬다.

— 5·16쿠데타 세력은 지방 자치의 싹도 잘라버리지 않았나.

1962년 11월 14일, 조시형 최고회의 내무위원장은 지방 자치 단체장 선거 제도는 고려하지 않고 있다고 말했다. '지금 지방 자치 할 생각 없다. 단체장을 선임하거나 지방 의회를 구성할 생각이 없다', 이 말이다. 이승만 정권도 지방 자치를 시행은 했는데, 쿠데타 이후 30년 동안 풀뿌리 민주주의가 사라진 나라가 됐다. 전 세계에서 지방 자치를 완전히 없앤 나라는 한국 빼놓고는 없지 않느냐고까지 그때 얘기를 많이 하더라. 어떻게 군인 몇 사람이 국민의 주권을 싹둑 잘라버릴 수 있는 것인지 그 점도 납득이 안 간다.

이렇게 사전 조직, 그것도 이원 조직에 의한 사전 조직을 하고, 정치활동정화법을 만들고, 헌법과 국회의원 선거법을 자신들한테 유리하게 만들고, 지방 자치도 없애버리면서 박정희와 김종필을 중심으로 한 세력은 이제 큰 골격은 만들어졌다고 생각하게 된다.

**"구악 일소" 강조한 박정희 세력,
'구악 중 구악' 자유당계 대거 포섭**

— 독재자들은 대개 강력한 영도자를 뒷받침하는 정도의 역할만 하는 국회를 원한다는 이야기를 지난번에 했다. 영도자의 손발

1963년 2월 9일 자유당계 해금자 22명이 공화당 입당을 발표하고 있다. 박정희는 구정치인 청산을 소리 높여 외쳤으면서도 자유당계 정치인을 대거 포섭했다. 사진 출처: e영상역사관

노릇을 하는 국회라는 건데, 박정희 정권이 1970년대에 만든 유신정우회가 떠오른다.

비례 대표를 '발전'시킨 게 유신 체제에서는 유신정우회다. 대통령이 사실상 임명하는 방식으로 국회 의석의 3분의 1을 차지했다. 전두환 신군부 때 가서는 그것이 조금 미안했는지 신군부한테 절대 유리하게 의석을 분배하는 방식으로 약간 바꾼다.

── '5·16 혁명 공약'에는 "부패와 구악을 일소"한다는 내용도 있

1980년 10월 신군부가 만든 헌법은 국회 의석의 3분의 1을 전국구로 배정하고 그 전국구의 3분의 2는 제1당이 차지하도록 규정했다.

었다(제3항). 정치권의 구악을 일소한다는 명분 아래 만든 것이 정치활동정화법이다. 그러나 현실은 그렇지 않았다. 혁신계와 민주당 정권을 쥐 잡듯 몰아세운 쿠데타 세력이 민주당 정권보다 훨씬 부패했고 국민을 학살하기까지 한 이승만 정권의 인사들을 대거 받아들인 것도 앞뒤가 안 맞는 일 아닌가. 4대 의혹 사건 등이 보여준 것처럼, 쿠데타 세력이 구정치인들보다 덜 부패했다고 볼 근거도 없다.

결국 쿠데타 세력이 구악 일소를 내세워 정치 쇼를 한 셈인데, 세월호 참사 후 박근혜 정부가 내건 "적폐 청산" 주장과 여러모로 닮은꼴이다. 예컨대 참사의 밑바탕에는 '생명 뒷전, 돈벌이 우선' 논리가 있었는데도, 박근혜 정부가 "적폐"의 핵심인 무분별한 규제 완화에 오히려 힘을 싣는 역주행을 한 데서도 이 점은 잘 드러난다. 적폐라는 비판을 받는 것이 조금도 과하지 않은 인사들을 중용한 것도 마찬가지다. 박근혜 대통령 자신이 적폐의 일부라는 비판이 나온 이유다.

다시 돌아오면, "부패와 구악을 일소"하겠다는 것을 쿠데타 명분으로 제시한 박정희 세력이 자유당 정권 인사들을 그렇게 많이 받아들인 것을 어떻게 이해해야 하나.

거듭 얘기하지만 박정희나 김종필한테는 '상식적으로 안 맞는다', 이게 통하지 않았다. 일부 최고위원을 포함한 다른 정치 세력까지 다 묶어놓고 자기들끼리만 밀실에서 뭘 했다는 것은 도무지 이해할 수가 없지 않나. 그리고 박정희가 구정치인 청산을 그렇게 외쳤는데, 자유당계를 대거 포섭했다. 나중에 공화당 간부 중에서 군인 다음으로 많이 차지하는 게 자유당계다. 이것도 도무지 이해가 안 가고 나도 항상 의아했다. 그런데 이 얘기를 하다보니까 생각나는 것이 있다. 박정희가 1962년에 쓴 《우리 민족의 나갈 길》, 박정희의 사상과 의식이 가장 잘 담긴 책으로 보는데 어쨌든 이 책도 그렇고, 1963년에 쓴 《국가와 혁명과 나》나 박정희의 다른 어떤 글을 봐도 이승만 대통령을 직접 비판하는 대목을 찾아보기 어렵다. 소설가 이병주가 쓴 글에도, 쿠데타 전 부산에서 술 마실 때 박정희가 이승만 정권을 부정적으로 보면서도 이상하게 이승만을 직접 욕하지는 않았다는 내용이 나온다.

난 이런 걸 보고 놀랐다. 박정희 관련 자료를 많이 봤지만, 이승만을 직접 비판하는 것은 드물다. 쿠데타 이전의 민간인 정치인과 정당을 싸잡아 비난을 퍼붓는 경우는 많지만, 자유당을 욕하는 것도 사실은 그다지 많이 나오지는 않는다. 1963년 이후에는 욕을 좀 덜한다고 하더라도 1962년 《우리 민족의 나갈 길》에서는 자유당을 강하게 비판해도 되는 것 아닌가 싶은데, 그렇지가 않더라. 그때는 군부 정권 이름으로 나온 글에서도 그렇고 누구나 이승만과 자유당을 비판했다. 4월혁명 이후에는 자유당 비판이 보통 강한 게 아니었다. 그런데 박정희 자신이 자유당만 떼어내서 비판하는 것은 많지 않다. 이와 달리 장면 정권에 대해선 하나의 장을 만들어서 엄청난 비판, 사실상 비방과 중상에 가까운 태도를 보인다.●

● 박정희가 "이승만 노인의 눈 어두운 독재"라는 정도로 비판한 경우가 있긴 하지만, 반공을 강조한 장면 정권을 용공 세력으로 몰아가는 등 제2공화국을 사실과 다르게 몰아세운 것에 비하면 이승만 정권을 겨냥한 강도 높은 비판은 훨씬 적다.

경제 망치고 법치 뒤흔든
4대 의혹 사건

민정 이양, 일곱 번째 마당

김 덕 련 5·16쿠데타 세력은 기성 정치권 등을 구악으로 몰아붙이고 자신들은 깨끗하고 참신한 세력이라고 내세웠다. 이러한 쿠데타 세력의 민낯을 그대로 드러낸 대표적인 사건이 4대 의혹 사건이다. 4대 의혹 사건은 어떻게 불거졌나.

서 중 석 1962년 말 시중에 파다하게 나돌던 게 있다. 사전 조직한 신당의 정치 자금 때문에 우리 경제가 망하고 있다는 이야기였다. 이게 나중에 그 악명 높은 4대 의혹 사건이 되는 것이다. 이 문제가 꼬리에 꼬리를 물고 얘기된다. 1963년 초 김재춘이 중앙정보부장이 되면서 신문에 공개되고 그런다. 그러니까 지난번에 얘기한 이원 조직 중심의 사전 조직이라든가 다른 여러 조치들을 4대 의혹 사건과 표리 관계 속에서 살펴보지 않으면 이 당시 정국, 특히 1962년 말에서 1963년 초에 왜 그렇게 정국이 무섭게 폭풍 속에 휩싸이게 되는가를 이해하기 어렵다.

4대 의혹 사건은 증권 파동, 새나라자동차 사건, 워커힐 사건, 회전 당구기 사건('파친코' 사건)이다. 새나라자동차 사건을 먼저 보자. 한국은 지금 세계적인 자동차 국가 아닌가. 자동차 국가가 된 원조는 시발택시에 있다고 써놓은 글들이 있다. 박현채의 《민족 경제론》에도 이 시발택시가 나온다. 미군들 차에서 여러 부품을 빼다가 만든 택시 또는 미군 지프차를 개조해서 만든 택시라고들 이야기한다. 하여튼 한국인들 솜씨로 이렇게 스스로 조립을 하면서 자동차 산업에서 한 단계 나아가는 방향으로 할 수도 있는 것이었다.•

• 최초의 국산 차인 시발 자동차는 1955년 탄생했다. 영업용 택시로 널리 쓰였고, 상류층 여성들 사이에서 이 차를 사기 위한 '시발계'까지 생겨날 정도로 인기를 끌었다.

시발택시(앞)와 새나라택시. 새나라자동차가
대량으로 들어오면서 시발택시는 시골로
밀려나게 되고 한국의 자동차 공업도 한동안
어렵게 됐다.

124　　　　　　　　　　　　　　　　　　민정 이양

그런데 김종필은 '시발택시가 볼품이 없으니까 날씬한 일본산 소형차를 들여와야 한다'고 주장했다. 그러면서 1961년 12월경에 일제 부분품을 수입해서 국내에서 조립한다는 명분으로 중앙정보부에서 새나라공업주식회사 설립을 추진했다. 그런데 부분품을 수입해서 조립하는 정도가 아니라 사실상 완제품 승용차를 면세로 들여왔다. 처음엔 250대를 들여온 것으로 알려져 있는데 나중엔 계속 늘어서 2,000여 대가 됐다.

한 대당 수입 원가를 그 당시 돈으로 13만 원으로 보고 있다. 이걸 얼마에 팔았느냐 하면, 25만 원으로 국내에서 판 것으로 나와 있다. 여기서 당시로서는 아주 큰돈인 2억 5,000만 원이라는 부당 이익을 세금 한 푼 내지 않고 챙긴 것으로, 그 돈을 민주공화당 사전 조직 공작과 야당 분열을 하는 데 쓴 것으로 돼 있다. 이러한 새나라자동차가 대량으로 들어오면서 시발택시는 시골로 밀려나게 되고 우리나라 자동차 공업도 한동안 어렵게 됐다.

검은돈에 눈멀어
경제와 법 뒤흔들어

—— 한국 최초의 자동차 고유 모델은 1974년 현대자동차에서 만든 포니다. 포니는 1976년 국산 자동차 수출 시대도 열었다. 새나

• 1962년 5월 31일, 최고회의는 자동차공업보호법을 만들었다. 이 법에는 외국산 자동차와 그 부품의 수입을 제한할 수 있다는 항목과 함께 자동차 시설재 및 부품 수입 관세 면제, 자동차세와 취득세 감면 등의 내용도 담겨 있었다. 새나라자동차는 이 법에 근거해 다양한 세금 혜택을 누렸다.

1962년 8월 워커힐 호텔 건축 공사장. 이 호텔이 완공되기까지 온갖 의혹이 끊이지 않았다. 사진 출처: e영상역사관

라자동차 문제가 불거진 후 10년 넘게 지난 시점이라는 것은 여러 가지를 생각하게 만든다. 이번엔 워커힐 사건과 '파친코 사건'을 짚었으면 한다. 어떤 사건이었나.

워커힐 사건을 살펴보자. 군사 정권에서 압력을 가해 서울 광장동 광나루 위 임야를 싼값으로 차지했다고 한다. 여기다가 미 8군 사령관 월튼 워커 중장의 이름을 딴 고급 관광호텔을 역시 중앙정보부 고위 간부가 주도해서 짓게 된다.° 이 과정에서 상당히

° 워커는 한국전쟁에 참전했다가 교통사고로 세상을 떠난 미군 장군으로 사후 대장으로 추서됐다.

복잡한 주식 처리니 정부 지주니 하는 게 얘기되고 그런다. 당시 최고회의 감찰위원장, 지금 감사원장에 해당한다고 볼 수 있는 요직에 있던 채명신 이 양반의 회고록 《사선을 넘고 넘어》에 이런 것들이 잘 나온다.

이 워커힐 공사 자금을 조달할 길이 없자 중앙정보부의 담당국장 석아무개가 재무부에 압력을 가해 산업은행으로 하여금 융자를 해주도록 했고 각 군 병력 등 3만여 명과 4,000여 대의 장비를 동원해 공사를 벌였는데, 각종 법규가 무시되고 불법으로 한 것이라고 채명신은 밝혔다. 석아무개라고 돼 있는데, 김종필과 동기인 육사 8기 석정선이다.[●●]

시공업자와 발주자 사이에 거액의 커미션이 오갔고, 건축자재도 민주공화당사 보수 자재와 같아서 온갖 의혹이 끊이지 않았다. 막대한 공사 자금을 모측에서 횡령했을 뿐 아니라 건설용 자재 가운데 예컨대 나이트클럽의 회전 무대부터 전기 장치, 심지어 시멘트까지 일제 수입품을 무검사 무관세로 들여왔다고 돼 있다.

'파친코' 사건, 회전 당구기 사건이라는 건 4대 의혹 사건 중에서 제일 규모가 작다. 장면 정권 때 이미 500대를 일본에서 들여왔었다고 한다.[●●●] 그러나 이건 바로 금지된다. 우리나라는 도박에 대해선 상당히 강한 알레르기 반응이 있지 않나.

[●●] 불법 통원 인원 규모가 2만 4,000여 명으로 나오는 기록도 있다. 1963년 4월 4일 동아일보는 석정선 등이 1962년 1월부터 1년여 동안 건설부와 교통부의 기술직, 육군 교도소에 수감 중인 복역수, 해군과 공군의 기술 요원 등 연 2만 4,000여 명을 워커힐 공사에 동원했다는 사실이 수사 결과 드러났다고 보도했다. 수치는 약간 다르지만 명백한 직권 남용이라는 점은 변함이 없다.
[●●●] 1967년 5월 25일 자 매일경제에 따르면, 4월혁명 후인 1960년 8월 10일 "오 영감"이라는 재일 교포가 '파친코'를 처음으로 국내에 들여왔다고 한다.

그런데 5·16쿠데타 후 중앙정보부가 관계하면서 2,527대를 들여왔다고 한다. 이게 문제가 된 것은 '파친코' 업자들이 시세보다 엄청 비싼 고가로 이걸 들여왔고 그 과정에서 뇌물이 수수료 형태로 중앙정보부로 넘어갔는데, 아 1962년 10월 25일 내각에서 돌연히 '파친코' 놀이 시설에 대해 폐쇄 조치를 한 것이다. 그러니까 업계에서 '이럴 수가 있느냐'고 들고일어났다. 그러면서 세상에 알려졌다.

주가 조작해 경제 망치고
국민 등친 중앙정보부

── 증권 파동 차례다. 작전 세력이 주가를 조작해 국민들을 등쳐 먹은 사건이다. 이 문제 역시 중앙정보부를 떼어놓고 생각하기 어렵지 않나.

우리 경제를 혼란에 빠뜨리고, 좀 커보려는 증권 시장을 망쳐놓은 것이 그 유명한 증권 파동이다. 이게 제일 심한 파란을 일으켰다. 이것에 대해 전문적인 설명을 해놓은 것이 여러 개 있는데, 역시 제일 쉬운 것은 나중에 주월 한국군 사령관을 하는 채명신이 쓴 글이다.

감찰위원장 채명신이 감사를 해보니, 증권 파동은 중앙정보부 간부인 강모, 그리고 통일·일흥증권의 윤모 사장이 협잡해 벌인 조작극이었다. 윤 사장은 중앙정보부 강 소령의 전폭적인 지원 아래 1962년 2월부터 5월까지 주가를 엄청나게 올려놓고는, 개미 군단이

1963년 3월 6일 자 동아일보. 증권 파동, 워커힐 의혹 사건 관계자 15명을 구속했다는 소식을 전하고 있다.

몰려들자 상투에서 팔아 30억 환을 모았다는 소문이 파다했다. 이 때는 화폐 개혁(1962년 6월) 직전이라 아직 환이었다. 그뿐만 아니라 강 소령의 압력으로 윤 사장은 기관들이 보유하던 한전 주를 1만 5,813원 70전에 불하를 받았는데, 이게 6만 원까지 치솟았을 때 내다 팔았다. 또 증권거래소는 액면가 50전에도 미달하는 38전짜리 대중주를 폭발 장세를 틈타 액면가의 29배인 14환 50전에 공모 증자를 하기도 해서 민주공화당 창당 멤버들의 주머니를 두둑하게 채워줬다. 채명신 책에 그대로 나오는 내용이다.

이렇게 되니까 일반 투자자들도 돈을 벌려고 미친 듯이 달려들었다고 한다. 급기야 그해 5월부터 7월에 가면 수도受渡 결제 불능이란 사상 초유의 사태가 벌어져 5,000여 명의 선량한 투자자들이 피해를 봤다. 그래서 증권거래소에 정부가 특별 융자를 할 수밖에 없었고, 그것으로도 모자라서 모든 거래를 무효로 만들어버렸다고 한다. 간신히 수습했으나 6월에 통화 개혁이 있지 않았나. 그러다 보니 휴장에 들어가 버리는 불상사까지 있었다며 채 장군이 아주 개탄해 마지않았다.

이 선의의 투자자, 5,242명으로 나오는데 이 사람들은 엄청난 피해를 봤다. 파동을 일으킨 자들은 재판에 회부됐다. 그런데 1963년 6월 27일 육군본부 보통군법회의에서 피고인 전원에게 무죄를 선고했다. 그래서 김재춘 회고담을 보면, "온 국민은 철저한 배신감에 치를 떨었다. '권력형 사기, 약탈, 횡령을 옹호하고 부추기는 처사'라고 아우성을 쳤다"고 나와 있다.●

● 강모는 중앙정보부 연구실 행정관이던 강성원 소령, 윤모는 윤응상이다. 증권 파동과 중앙정보부의 관련성을 지적한 건 채명신만이 아니다. 중앙정보부 자체 조사 결과도 마찬가지였다. 1963년 3월 6일 자 동아일보는 4대 의혹 사건을 수사 중인 중앙정보부 특별조사위원회가 증권 파동 관련자로 12명을 구속하고 1명을 불구속 입건했다고 보도했다. 이 13명 중 3명(강성원, 중앙정보부 관리관 실장 정지원, 중앙정보부 전 차장 이영근)이 중앙정보부 쪽 인사였다. 대선을 석 달여 앞두고 "원인 없는 의혹으로 국가를 소란케 하는 일이 근절돼야 한다", "강성원, 이영근, 정지원 피고인들은 증권 시장 육성으로 경제 개발 5개년 계획 수행을 위한 내자 동원이라는 국가 시책에 순응, 애국적 충정으로 한 것"이라며 무죄를 선고한 육군본부 보통군법회의의 판결에 수많은 국민이 배신감을 느낀데는 그만한 이유가 있었다.
강성원, 이영근은 석정선 등과 함께 김종필의 측근으로 꼽히던 인물이다. 이와 관련, 2005년 한겨레는 1963년 당시 사건 송치서를 입수해 '김종필이 증권 파동을 주도했다'고 보도했다. 4대 의혹 사건을 수사한 김재춘의 중앙정보부가 김종필 전 부장이 증권 파동을 주도한 사실을 밝혀냈지만, 김종필을 외국에 보낸 뒤 은밀히 기소 중지 처분을 했다는 내용이었다.

구악 뺨치는 신악,
채명신의 개탄 "마적단처럼 재물 나눠 먹자고 거사했나"

— 채명신은 5·16쿠데타에 동참한 인물이다. 그럼에도 중앙정보부 문제까지 손을 대면서, 쿠데타 실세인 육사 8기들과 소원한 관계가 될 수밖에 없었다. 채명신은 어떻게 해서 그런 자리를 맡게 된 것인가.

제5사단장이던 채명신이 1961년 7월 최고회의 감찰위원장을 맡은 건 본인이 원해서가 아니었다. '네가 군에 있으면 8기가 불안해 한다'며 박정희가 불러들인 걸로 돼 있다. 그때 분위기가 그랬다. 그러니까 좋은 자리 하나 준다고 하면서 억지로 끌고 나온 것이었다. 채명신은 안 하려고 했다. 군에서 나오지 않으려고 했다. 감찰위원장을 하고 나서 바로 군에 다시 들어간다. 채명신은 교활한 정치인 같은 기질은 없고 정의감 강하고 우직한 군인이었다.●●

●● 1996년 7월 1일 자 경향신문에 게재된 채명신 회고에 따르면, 채명신은 군 복귀를 조건으로 감찰위원장 자리를 맡았다. 당시 상황을 채명신은 이렇게 이야기했다. "나는 혁명 세력을 감찰 대상 1호로 정했다. 국영 기업체 장으로 나간 군 출신 인사 중에 비리와 비행을 저지른 사람들을 솎아냈다. 권력의 실세이던 중앙정보부(부장 김종필)까지 손댔다. 당시 중앙정보부는 5·16정권의 증권 파동 등 4대 의혹 사건에 빠짐없이 관여하는 등 부패의 온상이자 복마전의 극치였다."
김종필 중앙정보부장이 4대 의혹 사건 등을 철저히 조사하는 채명신을 찾아가 항의하는 일도 벌어졌다. 국방일보 2007년 8월 29일 자에 실린 채명신의 또 다른 회고에 따르면, 김종필은 "신배님이 혁명 동지들을 삼싸주셔야지 자꾸 목을 치면 불안해서 어디 일을 할 수가 있습니까"라고 말했다. 채명신은 이렇게 답했다. "우리가 거사한 것은 마적단처럼 약탈한 재물을 나눠 먹자고 한 게 아니오. …… 못된 짓을 하는 자는 동지가 아니라 적이오. 듣기로는 당신들이 전방에 있는 나를 끌어냈다고 알고 있소. 전방에 있을 때도 불안하다고 하고, 감찰위원장으로 와도 불안하다고 하니 어쩌자는 것이오? 난 주어진 직책이니 부정부패 척결에 매진할 뿐이오." 훗날, 채명신은 박정희의 유신 쿠데타에 반대했다. 그리고 1972년 그해 군복을 벗어야 했다.

— 4대 의혹 사건을 일으킨 5·16쿠데타 세력에 대해 세간에서는 '구악 뺨치는 신악'이라고 비판했다. 민주공화당을 사전 조직하고 정치활동정화법을 만든 것 등에 더해 4대 의혹 사건까지 일으킨 것도 결국 '혁명 공약'을 백지화하고 민정에 참여해 권력을 잡기 위한 것 아닌가.

이렇게 4대 의혹 사건으로 알려진, 우리 경제에 짙은 어둠을 드리운 사건까지 일으키면서 나중에 민주공화당으로 알려진 신당을 만들게 된다. 만반의 준비를 다 갖췄다고 생각해서인지 1962년 10월 8일 김종필 중앙정보부장은 '박 의장이 다음 대통령 선거에 나오지 않을 수 없을 것이다'라고 하면서 분위기를 띄웠다. 같은 달 30일에는 이후락 공보실장이 '박정희 최고회의 의장 등 혁명 주체 세력의 민정 참여는 기정사실이다', 이렇게 밝혔다.

그다음에 박정희가 대답할 차례다. 1962년 12월 27일 박정희 의장은 '1963년 1월 1일부터 정치 활동을 허용하겠다. 대통령 선거는 4월 초에 치르고 총선은 5월 말에 실시하겠다. 그리고 민정 이양식은 8월 중순에 하겠다. 3군 참모총장과 해병대 사령관을 제외한 최고위원 전원과 나는 군복을 벗고 민정에 참여하기로 했으며, 대통령 출마 여부는 당의 결정에 따르겠다'고 밝혔다. 1962년 12월 31일 자로 '일체의 정당, 사회단체의 정치 활동을 엄금한다'는 등의 군사혁명위원회 포고 제4호가 드디어 폐기됐다. 이로써 정치 활동이 재개되게 됐다.

'8월 중순'이면 8·15 아니겠나. '모든 준비를 갖췄으니 우리가 다음 정권을 맡겠다'는 것을 마음속에 깔면서 본격적으로 민정 이양으로 가겠다고 천명한 것이다. 그런데 엄청난 폭풍이 밀어닥치고 있었다.

박정희는 왜 '민정 불출마' 2·18 성명을 발표할 수밖에 없었나

민정 이양, 여덟 번째 마당

김 덕 련 1962년 말에서 1963년 초, 5·16쿠데타 세력에게 엄청난 폭풍이 밀어닥쳤다고 지난번에 이야기했다. 어떤 폭풍이었나.

서 중 석 모든 준비를 끝냈다고 생각한 박정희와 김종필은 군복을 벗고 민정 이양에 참여하겠다고 분명히 밝혔다. 그러한 때에 이미 폭풍은 불고 있었다. 박정희가 1962년 12월 27일 군복을 벗고 민정에 참여하겠다는 얘기를 하기 바로 며칠 전, 최고위원들한테 민주공화당 사전 조직의 전모를 브리핑했는데 바로 김종필 성토장이 돼버렸다. 오치성, 조창대, 오정근을 비롯한 육사 8기와 9기들이 막 들고일어났다. 특히 문제가 된 것이 이원 조직이었다. 자기들을 바지저고리로 만든 것 아니냐는 불만이었다. 또 '모든 게 너무 김종필 중심으로 돼 있는 것 아니냐. 그러면 우리는 뭐냐', 이런 것도 큰 불만이었을 것이다. 결국 회의가 파국으로 끝나고 말았다고 한다.

1963년 1월 1일 정치 활동이 허용되면서 김종필이 중앙정보부장에서 사임하게 된다. 자신이 신당을 구체화하려면 그렇게 해야 했다. 그래서 중앙정보부장에서 사임하는데, 이때 또 큰 문제가 생겼다.

박정희는 김종필의 측근이고 자신에게 절대복종한다고 여기던 김형욱(육사 8기)을 후임 중앙정보부장에 임명하려고 했다. 그런데 유양수, 박태준, 유병현, 김진위 같은 군에서 영향력이 있는 장군들, 그리고 송요찬이나 김재춘 쪽도 작용한 것 같은데 이런 사람들 쪽에서 김형욱 임명에 반대하고 나섰다. 중앙정보부장이 얼마나 막강하고 중요한 자리인가는 이미 김종필이 너무나 잘 보여주지 않았나. 그러니 후임 중앙정보부장에 누구를 앉히느냐가 권력 관계에서 대단히 중요하다는 걸 알고 있는 이 사람들이 김형욱을 반대한 것

국가재건최고회의 문사위원장 시절의 김용순(왼쪽). 박정희는 김종필의 후임으로 김형욱을 중앙정보부장에 임명하려 했으나 여러 사람들이 반대해서 할 수 없이 김용순을 중앙정보부장에 앉혔다. 사진 출처: 국가기록원

이다. 할 수 없이 박정희 의장은 1월 7일 최고회의 문사文社위원장이던 김용순을 중앙정보부장에 앉혔다. 그리고 김재춘이 최고회의 문사위원장 자리에 들어앉게 된다.

앞서가는 김종필과
공화당 이원 조직에 대한 강한 반발

── 제동을 건 사람들 중 박태준이라는 이름이 눈에 띈다. 훗날 포항제철을 맡는 바로 그 박태준이다. 5·16쿠데타 때 박정희가

'실패하면 내 가족을 돌봐달라'고 했다는 이야기가 있을 만큼 박정희가 신뢰한 인물 아니었나.

박태준은 군 온건파로서 영향력이 있었다. 이때뿐만 아니라 3선 개헌 때도 이를 지지한다는 서명을 하지 않았다. 박정희에게 다른 의견을 내면서도 충성했기 때문에 박정희가 신뢰했다고 볼 수 있다. 박정희 정권이 무너진 후 박지만 등이 어려울 때도 박태준이 도와줬다고들 하지 않나. 박정희 자신은 의리의 사나이와는 거리가 멀었지만, 박태준이 의리의 사나이라는 걸 잘 알고 있었다고 봐야 한다.

1963년 1월 1일, 신당 준비 위원회가 이달 안에 발족할 것이고 총재로 박정희, 당 의장으로 김종필을 추대한다는 설이 있다고 보도됐다. 1월 5일 김종필이 대령에서 준장으로 진급함과 동시에 예편했다. 그러나 신당은 이원 조직과 중앙정보부장 문제 등에서 크게 삐걱거리기 시작했다. 1월 10일 이 신당이 가칭 재건당의 이름으로 첫 발기 회의를 열었다. 1월 14일 신당의 당명이 민주공화당으로 결정됐다. 1월 18일에는 민주공화당이란 이름으로 발기 위원회가 발족했고 그 위원장에 김종필이 앉게 된다. 이때를 전후해 최고위원들이 굉장히 강한 반발을 하게 된다.

5·16쿠데타 전에도 박정희와 함께 쿠데타를 일으키려 했던 사람인 최고회의 외무국방위원장 김동하가 1월 17일에 이미 당 기구를 전면 재검토하라고 박 의장에게 얘기했다. 그리고 중앙정보부를 개편하고 당 준비 과정에서 김종필은 손을 떼게 하라고 건의했다. 당 사무국을 중심에 둔 이원 조직 구상은 자유민주주의 제도에선 찾아볼 수 없는 이중적 정당 조직이고 국회의원을 거수기로 만

드는 것으로 있을 수 없는 일이라며, 당 기구 전면 재검토를 요구했다. 그러면서 최고위원과 민주공화당 발기 위원직에서 사퇴했다.

민주공화당 발기 위원회가 발족하자마자 바로 최고위원들이 맹렬히 공격하고 나섰다. 김형욱 회고록을 보면 200여 명의 '혁명 주체 회의'가 열렸는데, 김종필에 대한 신임 투표로까지 사태가 악화됐다고 한다. 그때 170대 20으로 김종필 불신임이 압도적으로 우세했다고 한다. 그럴 수밖에 없었다. 간부급에선 다 김종필을 반대했다. 김종필이 너무나도 앞서가고 있기 때문이기도 했고 못된 짓을 많이 했다고 봤기 때문에도 김종필에 대한 반발, 이원 조직에 대한 반발이 굉장히 클 수밖에 없었다. 그러면서 최고위원들이 '김종필이 당에서 물러나야 한다. 물러나지 않으면 새로운 사태가 날 것'이라고 으름장을 놓는 것을 볼 수 있다.

— 박정희는 어떤 태도를 취했나.

박정희 의장은 사실 김종필과 일체가 돼서 신당을 만들어놨던 것 아니겠나. 다만 김종필은 처음에 박정희를 이렇게 모셔 놓으면 나중에는 권력이 자기한테 넘어올 줄 알았을 텐데, 그게 아주 순진한 생각이었다는 건 훗날 알게 된다. 김종필이 박정희의 조카사위이긴 하지만, 아무리 가까운 사이라고 하더라도 권력 앞에서는 전혀 다른 사람이 되는 것 아닌가. 그런데 김종필과 박정희는 이때까지는 아주 긴밀한 관계를 맺었다.

1월 24일 김종필 발기 위원장이 사의를 표명했을 때, 박정희 의장은 당 내분을 수습하기 위해 최고위원들한테 수습책을 지시했다. 그런데 이때 박정희는 '최고회의와 당은 분리돼 있으니 최고회

1963년 2월 2일 열린 민주공화당 창당
준비 대회. 이날 준비 위원장으로 김종필이
임명되었다. 사진 출처: 국가기록원

의는 당에 간섭하지 말라'는 식으로 오히려 김종필에게 유리하게 말하는 것을 볼 수 있다. 이원 조직에 대한 반발이 워낙 센 만큼 겉으로나마 '좀 고려해야 한다', 이런 이야기를 했음직도 한데 박정희는 그런 얘기조차 안 한다. 나중에는 애매하게 이원 조직에 대해 '생각해 보자', 이런 이야기도 나오지만 이원 조직은 조금씩 바뀌면서 그 후 상당 기간 유지된다.

그렇다고 해서 꼭 이원 조직이 박정희 마음대로만 움직였느냐. 그건 아니다. 박정희와 김종필이 중대한 권력 분배 문제에서 엇갈릴 때, 한마디로 3선 개헌 같은 게 생기면 달라질 수 있는 것이다.

── 김종필 뒤에 박정희가 있었음을 생각하면 김종필에 대한 거듭된 공격은 결국 박정희 자체에 대한 견제로 이어질 수밖에 없는 것 아닌가.

2월 2일 신당 창당 준비 대회가 열렸는데 이 자리에서도 준비위원장은 김종필이 됐다. 부위원장은 정구영이었다. 김동하는 이 자리에 참석하지 않았다. 2월 8일 김종필은 박정희를 대통령 후보로 추대할 방침을 밝혔다. 그러나 여전히 다른 최고위원들은 아주 강하게 반발한다. 이때를 전후해 특히 김재춘이나 김종오 육군 참모총장 등 군 수뇌부들이 모여 문제를 논의하고, 김종필 거세에서 박 의장 견제로까지 나아가는 쪽으로 사태를 밀고 나가고 있었다.

이렇게 문제가 심각해지니, 2월 10일 박 의장은 군사 정권 초대 외무부 장관을 했고 일제 강점기 때는 중국에서 군인으로 독립 운동에 참여했던 군 원로 김홍일을 불렀다. 박정희가 허심탄회하게 얘기해보라고 하니, 김홍일이 "솔직히 말씀드리지요"라고 하고는 진짜 허심탄회하게 얘기해버렸다. '정권은 정치인에게 넘겨줘야 한다. 군으로 돌아가는 게 참된 애국자의 길이다. 당신은 민족의 영웅이 돼라. 3군 총사령관으로 남아 있을 수 있는 것 아니냐. 대통령으로 집권하게 되면 결코 이로울 것이 없다. 평생 조국을 떠나 중국 대륙을 누비고 다니던 군인으로서 사심 없이 드리는 말씀이다.' 그러면서 시국 수습책으로 ①야당도 정치 활동을 할 수 있도록, 4월로 예정된 대통령 선거를 연기할 것 ②정치활동정화법 해당자를 전원 해금할 것 ③여당이 패배하더라도 공명선거를 보장할 것 ④정부가 보유한 양곡을 무제한 방출할 것 ⑤각계 대표와 협의해 경제 난국 타개책을 강구할 것 등 5개 항을 제시했다. 그렇게 상당히 오래 얘기했다고 한다. 군으로 돌아가고 정치는 민간인에게 맡겨야 하는 것이라고 아주 강하게 얘기했다. 이건 여러 자료에 다 그렇게 나온다.

그러면서 점점 고비에 들어가는데, 2월 12일 박 의장은 정구영 창당 준비 부위원장 등을 만나서 출마와 민정 참여를 포기할 수 있다는 의사를 조금 보여줬다. 이렇게 되니까 13일 밤 김종필이 급거 귀경해, 차려놓은 제사상을 받아야 한다며 결단을 촉구하는 사태가 일어났다. 그러자 박정희가 "최고위원 절대다수가 원대 복귀를 주장하는데 어떻게 그들을 납득시킬 것이냐"고 반문했다고 한다. 그러면서 극적인 드라마가 17일에서 18일 새벽 사이에 일어난다.

'민정 불출마' 박정희의 2·18 성명과
군의 중립 선언

── 어떤 일이 벌어졌나.

17일 저녁 육군 참모총장 관사에 김종오 육군 참모총장, 이맹기 해군 참모총장, 장성환 공군 참모총장, 김두찬 해병대 사령관, 그리고 최고회의 온건파이자 군에서 성망이 높은 유양수, 박태준, 또 김재춘 같은 이들이 모였다고 한다. 그뿐만 아니라 박병권 국방부 장관과 김진위 수도방위사령관, 이 사람들도 뜻을 같이한다는 의사를 전달해 왔다. 참고로 수도방위사령관이라는 직책은 나중에 수도경비사령관으로 이름이 바뀐다.

여기서 김종오는 "혁명 직후 우리가 국민에게 공약한 대로 양심적이고 유능한 정치인에게 정권을 이양하고 원대 복귀를 하는 것이 우리의 애국적인 임무임을 다짐하고 강조하려는 것"이라고 말했다. 이어서 김재춘이 "박 의장의 불출마 결의를 굳히도록 하자"고 분위기를 돋웠다. 자리에 참석한 군인들은 '우리 의사를 전달하기 위해 박 의장을 만나야겠으니 김종오 당신이 먼저 가서 시간을 정해서 와라', 이렇게 나왔다. 김종오가 장충단에 있던 박 의장 공관으로 가서 간신히 저녁 9시로 시간을 잡았다. 그래서 상당히 오래 기다릴 수밖에 없었다. 그런데 9시가 됐는데도 만나주지를 않았다.

이때 박 의장은 육사 8기 김종필 쪽 사람들을 만나고 있었다. 김종필, 길재호, 김형욱, 홍종철 이런 사람들이 버티면서 양자 대결이 된 셈이다. 김종필은 끝까지 밀어붙이려고 했다고 김형욱 회고록이나 김재춘 회고담에 나오지만, 홍종철이나 길재호 등은 "저들

1963년 2월 18일 박정희가 민정 불참 선언 등 9개의 정국 수습 방안을 발표하고 있다. 사진 출처: e영상역사관

은 육해공군 참모총장과 해병대 사령관까지 회동하여 각하의 민정 참여를 막으려 하고 있다. 더구나 국방부 장관과 수도방위사령관도 그쪽을 지지하고 있다"면서 일보 후퇴해 다시 기회를 보는 것이 상책이 아니냐고 말했다고 한다. 총을 쥐고 있는 자들이 저렇게 나오면 일단 후퇴하는 수밖에 없다, 이거였다. 당연한 얘기다. 특히 박정희는 김진위에 대해선 심각하게 생각할 수밖에 없었다. 왜냐하면 서울에서 대규모 병력을 가진 유일한 사람이 수도방위사령관 아닌가. 여기서 군이 나와버리면 어떻게 되겠나.

그러니까 유연하게 대처하자는 쪽으로 가닥을 잡고는 18일 새벽 2시가 돼서야 김종오와 김재춘 일행을 의장 공관에서 만나줬다. 김종오는 "필요하다면 3군 총사령관직을 만들어 거기서 이 나라의 군사력을 장악하고 정치인들의 탈선을 견제하는 것이 옳다"고 말했고, 유양수는 "집권한 후의 심판이 더욱 준엄하고 가혹할 수 있다"며 출마해서는 안 된다고 주장했다. 다른 사람들도 거들었다. 박정희는 오랜 침묵 끝에 민정에 참여하지 않겠다는 뜻을 밝혔다고 한다. 군인들이라 성질이 굉장히 급하다. 그러면 이걸 국민들에게 바로 밝혀야 한다고 생각했다. 그래서 밤을 꼬박 새워 그 유명한 2·18 성명이란 게 나오게 된다.

— 넓은 의미에서 박정희 휘하에 있던 장군들이 집단적으로 박정희의 불출마를 요구한 건 이때까지만 해도 박정희가 군을 속속들이 장악하지는 못했음을 보여준다. 2·18 성명엔 어떤 내용이 담겼나.

새벽에 이렇게 회의가 끝나고 나서 박정희 의장은 2월 18일 정오, 내외 기자들이 회견장을 가득 메운 속에서 "5·16혁명 당시 한강을 건너오던 그때의 심경과 기분으로 오늘 국민 앞에 소신을 밝히고자 합니다"라며 성명서를 읽어갔다. 박 의장은 9개의 정국 수습 방안을 제시하는데 군의 정치적 중립 견지, 이걸 첫 번째로 내세웠다. 그런 다음에 '새로 참여할 정치인들은 5·16혁명의 정당성을 인정하고 앞으로는 정치적 보복을 일체 하지 않는다', 이 내용을 넣었다. 자기들이 정치 보복을 많이 했으니까 이걸 넣은 것이다. 그리고 '혁명 정부'가 합법적으로 기용한 공무원의 신분 보장, 예비역 군인 우대, 모든 정당은 정쟁을 지양할 것, 새 헌법의 권위를 보장할 것, 한일 문제에서 초당적으로 정부 방침에 협력할 것 등을 요구했다. 박 의장은 '이 제안을 완전무결하게 재야 정치인들이 수락한다면 난 민정에 참여하지 않겠다. 정치활동정화법은 거의 전면 해금하겠다. 선거를 5월 이후로 연기하겠다'고 약속했다. 그렇지만 박정희는 여기서도 좀 떨떠름한 얘기를 보탰다. '혁명 이념의 승계 보장없이 군정을 끝낸다는 것은 결국 5·16혁명의 의의와 가치를 상실하고 5·16 이전 시점으로 후퇴하는 결과밖에 되지 않는다', 이렇게 얘기하고 있다. 내가 하고 싶어서 이렇게 하는 게 아니라는 뜻을 강하게 풍기는 얘기다.

어쨌든 박 의장의 이런 발표를 공식화할 필요가 있다고 생각해서 박병권 국방부 장관은 2월 19일 오전에 김종오, 이맹기, 장성환, 김두찬 등이 배석한 자리에서 '군의 결심'을 천명했다. 박정희 의장이 그런 결심을 하게 된 것을 높이 평가하면서 '군은 정치적으로 엄정 중립을 지킬 것과 진정한 민의에 의해 선출되는 민간 정부를 절대 지지하며 국가와 민족의 군대로서 충성을 다할 것을 다짐한다'고 성명했다. 박병권 장관이 참 대단한 선언을 한 것이다.

'박정희와 결별할 수도 있다'고
미국이 판단한 이유

—— 이 무렵 미국은 어떤 움직임을 보였나.

2·18 성명이 나오게 된 데는 군 수뇌부와 군에서 성망이 높던 군 온건파들, 그리고 최고회의 내 쿠데타 주동을 같이했던 일부 군인들의 반발, 이런 여러 가지가 작용했지만 그와 함께 미국도 영향력을 행사했다.

이미 1962년 12월에 새뮤얼 버거 주한 미국 대사가 '지도력으로서 대안이 필요한가?', 이런 이야기를 하고 있다. 그러니까 박정희 말고 다른 사람도 생각할 수 있는 것인지를 고려할 필요가 있다고 미국 국무부에 건의하는 것을 볼 수 있다. 최고회의도 그렇고 군부가 아주 심각한 갈등으로 치닫고 있다는 것을 버거 대사는 알고 있었다.

최고회의건 군부건 엄청난 소용돌이에 휘말리는 건 미국으로서도 굉장히 중요한 문제이지 않나. 그래서 이제는 적극적으로 개입하는 것을 볼 수 있다. 김동하가 크게 반발할 때, 미국 측은 박정희를 만나서 '여당은 폭넓은 기반을 가져야 하지 않겠나. 이렇게 분열되면 되겠는가', 이런 뜻을 전했다. 폭넓게 다 수용해야 한다고 박정희에게 전한 것이다. 그리고 '야당도 때려잡고 분열시키려고만 할 것이 아니라 강한 야당도 필요하다. 선거도 중요한 것이다', 이런 내용의 충고를 했다고 한다.

하여튼 1963년 1월 23일엔 버거 대사가 가이 멜로이 유엔군 사령관과 함께 다시 박정희를 만났다. 그 자리에서 박정희는 '김종필이 정당에서 사임할 것이다. 선거 이후까지 외국에 머문다', 그렇게 얘기했다고 한다. 그러면서 강상욱, 김윤근, 오정근, 박원빈 등을 반혁명 활동 혐의로 제거할 것이라는 얘기를 해버린다. 이건 버거가 듣기엔 도저히 이해가 안 가는 내용이었다. 김종필을 치는 줄 알았더니만, 그게 아니라 사실은 육사 8기와 9기 중에서 반김종필 핵심 세력을 치겠다는 말이었기 때문이다. 어쨌든 다음 날 박정희는 다시 수정해서 '김종필의 외유는 계획대로 하지만 이 사람들을 제거할 계획은 없다'는 태도를 밝혔다. 하여튼 이 시기에 미국은 여러 가지 압력을 넣고 있었는데, 제일 큰 건 역시 원조 중단 문제였다.

— 미국은 5·16쿠데타가 날 때부터 박정희를 파트너로 삼아왔다. 그러나 나중에는 박정희에게 민정 참여를 하지 않도록 권하는 쪽으로 방향을 잡는다. 왜 이때는 '박정희와 결별할 수도 있다' 는 태도를 취한 것인가.

제일 큰 건 역시 최고회의와 군부가 분열한 것이었다. 사전 조직, 이원 조직, 그리고 4대 의혹 사건에 대해 반발이 너무나 강했다. 미국으로서는 이 점이 얼마나 걱정됐겠나. 한국은 반공의 최전선이고 자기들이 일종의 후견인인 셈인데, 이런 일이 일어나서는 안 된다는 게 크게 작용한 것으로 보인다. 또 '김종필이 지금까지 너무나 월권한 것이 아니냐. 권력 남용도 너무 심했을 뿐만 아니라 김종필과 같이 당을 만들고 있다는 자들은 민족주의적인 냄새가 나고 통제도 잘 안 된다. 김종필을 만나서 얘기해보면, 여기서 한 말을 나중에 번복하는 것 같아 믿을 수 없다', 이렇게 판단한 것 같다. 이 문제는 결국 김종필과 밀착돼 있는 박정희와 연결된 문제라고 파악한 것으로 보인다. 그래서 '김종필과 박정희 가지고는 정국 안정이 어려운 것 아닌가. 그러면 안 되겠다. 다른 방법을 찾아봐야 하는 것 아니겠는가', 이런 생각을 하게 됐다고 본다.

그런데 거기에는 4대 의혹 사건 같은 것에서도 볼 수 있는 것처럼 박정희가 경제적으로 너무나 무리한 짓을 많이 한 것이 크게 작용했다고 봐야 한다. 제일 큰 건 역시 화폐 개혁이었는데, 하여튼 경제적으로 무능하고 실정을 거듭해 경제가 안 좋아진 것을 보더라도 박정희 정권이 기대만큼 가지 못할 것이라는 우려가 작용한 것 같다. 한마디로 박정희 군사 정권이 총체적인 난맥상을 보이며 난국을 초래한 데다 권력을 지나치게 남용하고 부패도 아주 심했고 거기에다가 무능하고 말도 자주 바꿔서 신뢰하기가 어렵다고 본 것이다. 거기에다가 박정희와 김종필을 분리하려고 해봤는데 그것도 잘 안 됐고, 이래저래 통제가 안 되는 상황이 종합적으로 작용했다고 보인다.

그러나 미국으로선 결정적인 난관이 있었다. 김종필을 공격하고 박정희를 견제한 세력도 마찬가지인데, 난 이건 1884년 갑신정변과 유사한 점이 있다고 본다. 갑신 쿠데타라는 갑신정변을 일으킬 때 주도 세력들이 민 왕후 척당 세력을 죽이지 않았나. 그렇지만 민 왕후는 '국모'였기 때문에 어떻게 할 수가 없었다. 국왕에 대해서도 마찬가지였다. 갑신정변 주도 세력은 왕과 왕비를 어떻게 하지 못하고, 그 두 사람을 끼고서 그야말로 개혁 정치를 하려고 했다. 그런데 특히 민 왕후가 그랬지만, 왕과 왕비는 복수의 기회를 찾고 있었다. '기회만 있으면 저 역적 놈들을 가만두지 않겠다', 이것이었다. 일가를 죽이고 자기 세력을 일망타진하지 않았나. 왕도 민 왕후 편이었다. 이러한 상태에서 갑신 개혁 주동자들은 어떻게 할 수가 없는 것이었다. 난 그렇다고 본다. 청나라 군대가 개입해 삼일천하로 끝났다고 돼 있지만, 그게 아니었다고 해도 왕과 왕비가 그대로 있는 한 정변을 주도한 사람들은 역적으로 죽게 돼 있었다. 쫓겨나게 돼 있었다.

이와 비슷하게, 박정희가 최고회의 의장으로서 인사권 등 실권을 쥐고 있는 한, 박정희를 견제해서 '이렇게 하라'고는 할 수 있지만 박정희가 그걸 바꿔버리면 통제할 방법이 없었다. 그게 바로 나타난다. 박정희는 어쩔 수 없이 일보 후퇴한 것 아니겠나.

1950년대
'돈산'의 추억과 박병권

— 박정희는 휘하 장군들의 반발 등에 밀려 뜻을 꺾을 뻔했지만, 얼마 지나지 않아 바로 반격한다. 그리고 자신의 뜻을 끝내 관철한다. 그렇다 하더라도 2·18 성명, 그리고 그에 뒤이어 나온 군의 중립 선언은 눈여겨볼 필요가 있다. 박정희가 그러한 2·18 성명을 발표할 수밖에 없는 상황을 만드는 데 핵심 역할을 한 인물은 누구인가.

박정희가 민정 불참을 선언한 2·18 성명을 불러온 게 박병권 장군이냐 김재춘이냐, 이걸 가지고도 논란이 있다. 박병권은 장면 정부 때 족청계나 군 일각에서 쿠데타 지도자로 추대되기도 한 적이 있는 것으로 알려진 인물로, 여기에 미국 CIA 쪽도 가담했을 가능성이 있는데, 군에 대한 영향력이 컸다. 군에서 존경받는 대상이었기 때문이다. 그런 면에서 3군 참모총장 같은 사람을 움직이는 데 박병권의 영향력이 컸던 건 틀림없다. 박병권은 원칙론을 주장한 사람이다.

내가 논산 출신인데, 이 사람은 내 고향 사람이다. 내가 살던 동네에서 2~3킬로미터 떨어진 곳에 박 씨들이 살고 있는데 거기 사람이라고 한다. 그런데 이 사람은 고향 사람들에겐 욕을 먹고 있다. 신병 면회장을 없앴기 때문이다.

어릴 때 나도 많이 겪었지만, 예전엔 논산을 '돈산'이라고 불렀다. 논산 면회장 때문에 논산에서 연무 일대까지 아주 흥청거렸다. 신병 면회장이 설 때마다 돈이 많이 돌았다. 1950년대는 군대 가면

1962년 2월 육군사관학교 졸업식에 참석한 박병권 국방부 장관. 박병권은 엄격하고 청렴결백하기로 유명했다. 사진 출처: 국가기록원

죽는 줄 알던 때 아닌가. 그러니까 가족들이 다 털어가지고 자식 면회 오고 그랬다.

　아 그런데 세상에 바로 그 면회장 옆 동네 출신이 훈련소장으로 오자마자 면회장을 없애버렸다. 지독한 사람이다. 그래서 수십 년간 면회장이 없는 상태가 지속되다가 나중에 부활했다. 박병권이 면회장을 없앤 건 부정부패가 심했기 때문이다. 어려운 시기였는데, 면회장에 가서 자식 만나려면 음식 장만, 차비 마련 등 돈 들어가는 것이 많았다. 훈련병 혼자만 거기 오는 게 아니라 훈련병이 하사 등과 함께 오지 않았나. 그러면 부모들이 어떤 때는 간부들에게 돈을 찔러주기도 하고 그랬다. 내 자식 패지 말라고, 기합 주지 말

라고 그런 것이다. 그건 어떤 부모든 바라는 것 아닌가.•

　하여튼 이렇게 엄격한 사람이다. 청렴결백하기로 유명했다. 그렇지만 이 사람이 앞장서서 모사를 할 사람인가를 생각하면, 역시 모사는 김재춘하고 김종오 육군 참모총장이 했다고 볼 수 있다.

──　김재춘은 어떤 사람이었나.

　김재춘이 이때부터 정면에 등장하지만 사실 김재춘은 5·16쿠데타 때 CPCommand Post, 그러니까 지휘소를 이끌었다. 쿠데타를 성공시키는 데 핵심 역할을 한 군인 중 하나라고 얘기한다. 육사 5기인데, 장도영 숙청 때 육사 5기가 대량으로 당하지만 김재춘하고 채명신은 괜찮았다.

　김재춘은 방첩부대장, 그리고 군·검·경 합동수사본부장이라는 권부를 쥐고 있어서 김종필 중앙정보부장 다음으로 힘이 셌다. 이 사람은 5·16쿠데타 때 34세에 불과했다. 기수로는 세 기수 선배였지만 나이는 김종필보다도 어렸다. 김재춘은 지프차를 타고 다닐 때 앞뒤에 기관총을 걸고 막 몰고 다니고 그랬다더라. 일을 밀어붙이는 데 대단한 사람으로 알려져 있다. 그래서 언젠가 김종필과 대결하는 건 숙명이라고 얘기하고 그랬다.

　김재춘이 제일 존경하는 사람이 두 명 있었다고 한다. 한 사람

•　논산에 있던 육군 제2훈련소 면회장은 1959년 9월 사라졌다. 사라지기 전 면회장에서는 닭튀김과 불고기 잔치가 곳곳에서 벌어졌다. 닭튀김과 불고기는 당시 귀한 음식이었다. 또한 방방곡곡에서 몰려든 면회객들이 하루 이틀씩 묵으며 쓰는 돈으로 연무대는 '면회 특수'에 따른 호경기를 누렸다. 그러나 박병권은 "국민 소득이 95달러도 안 되는 터에 가난한 부모들이 면회를 위해 돈과 시간을 쓰는 건 국력 손실"이라며 면회장을 폐쇄했다. 훈련병 면회 제도는 29년 후인 1988년 2월 부활했다.

이 바로 박병권 장군이다. 박병권 아래 있었을 때 그의 식견과 지도력, 그리고 특히 청렴결백한 인품에 감화를 받았다고 한다. 그리고 장도영이 9사단장일 때 박정희를 불러왔다고 전에 이야기하지 않았나. 그때 군수 참모가 김재춘이었다. 그러면서 긴밀한 관계를 박정희와 맺었다. 그러면서 박병권과 박정희, 이 두 사람에 대해선 각별히 존경하는 마음을 품고 있었다고 하더라. 원래 하사관(부사관) 출신인데 육사 5기로 들어갔다.

쿠데타에서도 주역으로 활약하며 군사 정권에서 실권자였는데, 이렇게 최고회의의 반발이 있으니까 김종필을 정면으로 치는 데 앞장선 것이다. 군 수뇌부를 모이게 하고 박병권 장군한테 연결하고 하는 것도 다 김재춘이 한 것 아닌가 하는 생각이 든다. 2·18 성명까지 오는 데는 김재춘이 제일 공로자라면 공로자 아니겠느냐, 이렇게 보인다.

군정 연장 협박으로
민정 불참 선언 뒤집다

민정 이양, 아홉 번째 마당

김 덕 련 1963년 초, 일부 군인들이 박정희에게 '혁명 공약'을 지킬 것을 요구하며 정치적 중립을 선언했다. 군인으로서 정치에 관여하면 안 된다는 원칙에 이들 모두 충실하고자 한 것인지, 그게 아니라 눈엣가시로 여기던 김종필을 견제하려는 목적이 더 강했던 것인지 의문이 든다.

서 중 석 몇 가지 생각해볼 점이 있다. 누구나 여론에 흔들리기 마련이고 이건 군부도 마찬가지인데, 무엇보다도 당시 여론은 '군이 본연의 임무에 충실해야 하고 다시는 쿠데타가 일어나선 안 되며 박정희 등 쿠데타 주동자들이 군으로 돌아가야 한다'고 역설하고 있었다. 그런 여론이 강했던 것은 박정희 등 5·16 군부 쿠데타 주모자들에 대한 불신이나 부정적 인식이 강하게 작용했기 때문이지만, 민주주의 또는 헌정을 지키기 위해서는 반드시 그렇게 해야 한다는, 그 길밖에 없다는 원리·원칙을 강조한 것이라고 볼 수 있다.

그러면서 등장한 게 프랑스의 샤를 드골 대통령이었다. 드골을 본받아야 한다는 것이었다. 다 알다시피 프랑스는 제2차 세계대전에서 히틀러의 나치에게 어이없게 대패하고 종속됐다. 이때 자유 프랑스군을 이끈 드골은 파리를 되찾을 때도 프랑스 군대가 되찾은 모양새를 만들었다. 더 나아가 프랑스는 독일을 네 나라가 분할 점령하는 데 참여했고, 유엔을 만들 때 안전보장이사회 상임 이사국 다섯 나라에 들어갔다. 드골은 승리의 프랑스, 위대한 프랑스로 프랑스를 살려놓은 인물로 꼽힌다. 그리고 나서 드골은 권력을 민간인에게 다 넘겼고, 그러면서 제4공화국이 출범하는 것이다. 그래서 오늘날에도 프랑스 역사에서 제일 존경받는 인물로 돼 있지 않나. 1990년대 이후에 보면, 프랑크 왕국의 전성기를 이끈 샤를마뉴 대제나 나폴레옹보다 인기가 더 좋더라.

어쨌건 그러고 나서 알제리 사태가 일어났다. 프랑스가 월맹한테 디엔비엔푸 전투에서 패배한 1954년에 출범한 알제리 민족 해방 전선이 엄청난 공세를 펴면서 프랑스가 양분되다시피 했다. 알제리를 독립시켜야 한다는 세력과 그런 일은 절대 있을 수 없다는 알제리 현지의 프랑스 세력 및 군부로 나뉘지 않나. 도무지 해결할 길이 안 보이고 그야말로 프랑스가 어떻게 되는 건가 하는 위기 상황에서 1958년 의회와 내각, 군, 대통령이 결국 재야에 있던 드골을 불러 전권을 부여하지 않나. 드골은 프랑스 식민지였던 아프리카 여러 나라를 1960년에 독립시켰고, 나아가서 난제 중에 난제였던 알제리를 1962년 당당히 독립시켰다. 그래서 드골을 죽이려는 암살대도 파리에 오지 않나.

난 드골이 알제리 독립을 인정한 건 정말 잘한 일이라고 본다. 그때 드골이 세계적인 영웅이 됐었다. 우리나라에서도 민족주의 하면 드골이었다. 그래서 드골을 본받자고 했는데, 거기에다가 민정 이양기에 드골이 딱 맞으니까 또 드골을 들고나온 것이다. 드골을 귀감으로 삼자는 이야기였다. 그런데 재미있는 것은, 박정희 쪽에서는 귀감으로 삼자는 드골의 모습은 귀감으로 삼으려 하지 않고 그 대신 강권 통치, 장기 집권과 관련해 프랑스 제5공화국 헌법, 즉 드골 헌법을 참조하려고 애를 태웠다는 것이다. 1969년 3선 개헌 이전에도 그러한 모습을 보여줬고, 총통제와 유신 헌법을 얘기할 때 빠지지 않고 등장한 것이 대만과 스페인의 총통제와 함께 대통령 권한이 강화된 드골 헌법이었다.

── 이 시기 여론을 살필 때, 쿠데타 주도 세력이 권력을 잡은 후

보인 모습이 많은 국민의 눈살을 찌푸리게 한 것도 빼놓을 수 없을 것 같다. 당시 분위기가 어떠했나.

드골처럼 군인은 군인 본연의 임무로 돌아가야 한다는 원리·원칙이 주장되고 그러한 여론이 강렬했는데, 그것에 더해 5·16쿠데타 세력이 보인 행태도 큰 영향을 끼쳤다. 중앙정보부 밀실에서 민주공화당을 사전 조직한 것이나, 그렇지 않아도 경제가 안 좋은데 4대 의혹 사건 등을 일으켜 엄청난 정치 자금을 끌어모은 데서 보더라도 '이 군인들이 권력에 눈멀어 수단과 방법을 가리지 않는, 상궤를 벗어나도 크게 벗어나 개탄할 만한 행태를 보여줬다', 이런 여론이 크게 작용했다. 그래서 군은 '혁명 공약' 제6항대로 본연의 임무에 복귀해야 한다는 강한 분위기가 나왔다고 본다.

그뿐만 아니라 5·16쿠데타 이후에 쿠데타 주동자들에게서 청신한 기풍이라는 것을 찾아볼 수 있었나? 신악이 구악을 뺨친다는 말이 당시 유행했다. 쿠데타를 일으킨 자들은 누가 봐도 가난뱅이 군인들이었는데, 갑자기 호화 주택에 살면서 특권층과 같은 생활을 하고 있더란 말이다. 부정부패가 또 굉장히 심했다. 이건 채명신 회고록에도 잘 나오지 않나. 군인들이 너무 심한 짓을 많이 하는 것이 자세히 나온다. 그중 제일 큰 게 4대 의혹 사건이었다. 그리고 '중앙정보부와 김종필이 너무나 무시무시한 권력을 휘두르지 않았느냐', 이런 점을 일반인들이 많이 느끼고 있었기 때문에 '이자들이 정치에 나오면 어떻게 되겠느냐'는 여론이 강했다고 볼 수 있다. 이런 여론이 미국이나 군부에 영향을 많이 끼쳤다고 봐야 한다.

그런데 박정희를 민정에 참여하지 못하게 한 건 여러 가지로 나눠서 봐야 한다. 김홍일, 박병권, 유양수처럼 군부에서 신뢰가 두

터운 온건파는 국가의 장래를 생각해 그런 여론을 이끌어간 것으로 보인다. 그렇지만 김재춘이나 김동하, 그리고 여러 최고위원들은 이원 조직에 대한 불만이 강했고 전부터 '김종필은 타도해야 한다'고 했는데, 이게 분위기가 딱 맞으니까 이 기회에 몰아붙여야 한다고 한 것이 박정희의 민정 불참 선언으로까지 몰고 간 것이 아닌가, 이렇게 보인다.

그리고 해군과 공군 참모총장, 해병대 사령관, 이런 사람들은 특별한 의식은 없는 상태에서 박병권 국방부 장관이나 김종오 육군 참모총장, 김재춘 같은 사람들을 그냥 따라다닌 것 같다. 김종오와 김재춘 같은 경우 미국 대사관이 어떻게 나오는지, 미국이 박정희에게 어떤 태도를 취하는지 등을 그쪽과 긴밀한 관계를 맺으면서 알고 있었던 것도 크게 작용한 게 아닌가 싶다. 미국의 영향을 받은 것도 분명히 이들의 행동에 영향을 끼친 것이라고 볼 수 있다.

2·18 성명과 2·27 선서, '민족과 역사에 대한 거룩한 서약'

── 박정희의 민정 불참 발표에 대한 여론은 어떠했나.

박정희의 2·18 성명에 대해 그야말로 온 국민이 환영의 뜻을 표했다. 이제 우리나라가 정상적인 국가와 사회로 가는가 보다 하면서 다들 열렬히 환영했다. 2월 20일에는 송요찬이 군부 중립에 더해 민주공화당 해체까지 주장하면서, 박정희가 민정에 참여해서는 안 된다는 뜻을 강력하게 펴고 그랬다. 군부나 일반인에게 박정

1963년 2월 25일 김포공항. 전권 대사 자격으로 '자의 반 타의 반' 한국을 떠날 수밖에 없었던 김종필 전 중앙정보부장. 사진 출처: e영상역사관

희의 민정 참여 포기는 2월 21일 김재춘을 제3대 중앙정보부장에 임명하는 것에 의해 더 확실한 것처럼 보였다. 중앙정보부장이라는 그 막강한 자리에 김용순을 대신해 김재춘이 오른 것이다. 이틀 후 김재춘은 중앙정보부 간부를 막 갈아치우면서 드디어 4대 의혹 사건을 터뜨리기 시작했다.

2·18 성명 후 민주공화당(가칭)은 초상집 분위기였다. 이틀 동안 침묵을 지키던 김종필은 2월 20일 민주공화당 창당 준비 위원장뿐만 아니라 당원까지 사퇴한다고 밝혔다. 2월 25일 김종필은 드디어 김포공항을 떠나게 된다. 일본, 동남아, 중동 등 여러 지역의 특명 전권 순회 대사로 약 50일간 가 있도록 한다고 돼 있었다. 기자들이 '스스로 원한 것이냐'고 물어보니까 김종필은 "반반"이라고 답했다. 이게 유명한 자의 반 타의 반이다. 이 시기에 상당히 오랫동

안 유행한 말이다. 물론 자의 반은 없었다. 완전히 타의에 의해 간 것이다. 나중에 김종필이 그렇게 털어놓는다. 하여튼 이때는 자의 반 타의 반이라는 유행어가 나왔다.

—— 김종필의 행적을 짚다 보면, 이 사람의 언어 감각에 눈길이 갈 때가 있다. 자의 반 타의 반 외에도 1990년대 후반 몽니라는 말을 널리 퍼뜨리는 등 독특한 언어 감각을 선보였다. 다시 돌아오면, 2·18 성명과 김종필 출국 이후 상황은 어떻게 전개됐나.

반김종필 투쟁이 승리를 거둔다고 생각하고 있었는데, 김종필이 떠난 다음 날 민주공화당은 창당 대회를 열었다. 당 총재는 정구영, 의장은 김정열이었다. 쿠데타 나고 처음으로 만들어진 정당이었다. 그다음 날, 유명한 2·27 선서를 하는 행사가 최고회의 주최로 시민회관(오늘날 세종문화회관)에서 열렸다. 정치 지도자 27명이 참가하고 국방부 장관과 3군 참모총장, 해병대 사령관이 참석한 자리에서 그야말로 엄숙한 선언이 있었다. 재야 정치 지도자들과 정당 대표, 군 대표들은 박정희가 2월 18일에 제시한 시국 수습을 위한 9개 방안을 수락하고 준수할 것을 선서했다. 박정희는 이 선서 식전式典이 얼마나 중대한가에 대해 "군이 여하히 정치적 중립을 견지할 것이며 또 정치인이 여하히 정국을 안정시킬 것인가는 바로 이 나라 정치의 극히 기본적이며 생명적인 문제라 아니할 수 없기 때문에 이 선서 식전은 매우 중대한 의의를 지니고 있다고 할 수 있겠다", 이렇게 설명했다.

이제 한국은 새로운 사회를 맞는 것 같았다. 어떤 신문은 사설

제목을 '민족과 역사에의 거룩한 서약'이라고 거창하게 붙이고는 "민족과 역사에 대한 거룩하고 위대한 선서의 축전祝典이 오늘 국민회당에서 벌어졌고, 이어 듣는 사람의 눈시울을 뜨겁게 하는 박정희 의장의 감격적인 민정 불참 선언이 있었다. 이로써 조국은 새로운 역사의 기점起點에 들어섰다. 이로써 민족 앞에 힘찬 비약의 장이 열렸다. 욕된 역사를 과거의 어둠 속에 영구히 파묻고 오직 영광과 희망만을 기약하는 흐뭇하고 엄숙한 순간이다", 이렇게 찬양하는 사설을 썼다.

그렇지만 박정희가 그때 한 이야기가 있다. "혁명 정부가 당초 기도했던 세대의 교체라는 정치 목표에 있어서 완전히 실패하고 말았음을 솔직히 자인하지 않을 수 없다", "혁명 정부의 노력은 대다수 정치인들의 완고한 반대에 부딪쳐 일대 정치적 난국을 초래하게 되었으며 급기야 오늘 이와 같이 정부 계획의 대폭적인 후퇴와 양보로써 이 정국을 수습하기에 이르렀다", 이렇게 말했다. 구태의연한 정치인들 때문에 자기가 할 수 없이 물러섰다는 아주 이상한 이야기였다. 선서 식전에 참석한 대표들이나 언론은 역사적 결단을 내린 박정희 의장의 애국 충정을 높이 평가한다면서 입을 모아 민정 불참을 찬양하고 있는데, 박정희는 그것과는 대단히 거리가 먼 불만을 토로하고 있었다. 박정희의 볼멘소리에 따른다면 박정희와 대표들이 서로 간에 너무나도 어긋나고 맞지 않는, 이상한 광경이었다.

어쨌건 박병권 장관은 이를 굳히기 위해 3군 참모총장, 해병대 사령관과 오후에 공동 성명을 발표했다. 2·27 선서를 찬양하고 반드시 이걸 지켜야 한다는 쪽으로 밀고 갔다. 그리고 군 수뇌부의 저녁 만찬에서 박 장관은 박 의장한테 군에 복귀해 군을 지도·육성

1963년 2월 27일 2·18 성명을 수락하는 정치 지도자 및 각 군 책임자들이 정국 수습을 위한 선서식을 하고 있다. 사진 출처: e영상역사관

해줄 것을 건의했다. 그런데 그 자리에서 박정희는 그렇게 하겠다고 하지 않았다. 민정에 참여하지 않겠다는 사람이 '좀 더 시간을 두고 연구해보겠다', 이렇게 나왔다. 이때까지만 하더라도 박병권을 비롯해 군에서 영향력이 있던 유양수, 박태준 등은 박정희를 의심하지 않았던 것으로 돼 있다. 일부에서는 '이거 이상하지 않냐'고 생각했지만, 다들 들떠 있었고 '이제 우리나라는 민주 사회로 가는 것 아니냐'고 여기고 있었다. 박병권도 그중 한 사람이었다.

태도 바꾼 박정희의 반격 카드,
군정 연장 계획

— 박정희는 3월 7일, 정계가 혼란스럽게 되면 방관하지 않겠다며
2·18 성명을 뒤집을 조짐을 보였다. 그 후 박정희 쪽에선 어떤
움직임을 보였나.

3월 11일 신문에서 쿠데타 음모 사건을 알렸다. 김재춘이 이끄
는 중앙정보부에서 수사했다고 하면서 김동하 전 최고회의 외무국
방위원장, 박창암 전 혁명 검찰부장, 박임항 전 건설부 장관, 이규
광 전 헌병감 등 19명을 체포했다고 보도했다. 나중에 김윤근 등도
여기에 포함되지 않나. '알래스카 토벌 작전'이라고도 불리는 이 쿠
데타 음모 사건이 일어나자, 미국 대사관에서는 조작으로 봤다. 하
여튼 큰 사건이 일어난 것이다. 지금까지 김종필 쪽을 강하게 몰아
붙인 김동하가 구속된 것이다. 이건 그야말로 가장 강력한 반김종
필 세력의 한 축을 거세한 것이다. 그러니 김재춘의 자해 행위라고
얘기할 수도 있고, 박정희로선 김재춘을 이용해 반김종필 세력의
아성을 무너뜨린 것이라고 얘기할 수도 있다.

그러고 나서 박정희가 김재춘, 박병권 등을 불렀다고 하는데
이것에 대한 기록이 김재춘 회고, 또 우리에게 잘 알려진 김형욱 회
고록, 이 두 가지에 조금 다르게 나온다. 김재춘 회고에는 3월 12일
아침에 자신들에다가 김종오, 그리고 최고회의 수뇌들도 불렀다고
돼 있다. 김형욱 회고록에는 이 자리에서 박정희가 직접 계엄을 선
포하겠다고 말한 것으로 나와 있다. 그렇지만 김재춘이 현장에 있
었던 사람이라는 점을 고려하면 난 김재춘 말이 더 맞다고 보는데,

김재춘 회고에는 육사 8기인 홍종철 최고위원이 계엄을 선포해야 한다고 말한 것으로 돼 있다. 그랬더니만, 그건 김형욱 회고록도 똑같은데, 박병권이 벽력같이 소리를 질렀다고 돼 있다. 2·27 선서를 한 지 며칠이나 됐느냐고 하면서 소리를 질렀다고 한다. 박병권이 전면 반대하고 나선 것이다. 홍종철은 한 술 더 떠서 군정을 4년 연장해야 한다고 건의했다. 박병권은 '그건 더 안 될 일이다', 이렇게 딱 잘라 말했다.

박정희 측이 반격에 나선 것이다. 이건 박병권 물러나라는 이야기다. 칼자루를 쥐고 있는 건 박정희였던 것이다. 박병권은 1963년 3월 12일, 군의 정치적 중립을 선언한 지 10여 일 만에 쿠데타 사건 같은 게 난 것을 심히 부끄럽게 생각한다면서 사의를 표명했다. 이때 박병권은 이 문제 때문에 내각이 총사퇴할 수는 없으며 각 군 참모총장 인책도 생각할 수 없는 일이라고 말하고, 자신이 물러나겠다는 뜻을 밝혔다. 다음 날인 3월 13일에는 최고회의 외무국방위원장을 지낸 김윤근 해병대 소장과 제5관구 사령관인 최주종 소장 등 5명의 장교와 5명의 민간인 등 10명이 추가로 구속됐다.

유례없는 군인 데모,
기다렸다는 듯 군정 연장 시도한 박정희

── 그 직후, 유례없는 군인 데모가 일어나지 않았나.

15일에는 쿠데타 사건 때문이라고 하면서 내각이 총사퇴를 선언했다. 박병권이 물러나는 것을 더 확실히 한 것이다. 바로 이날,

이상한 군인들의 시위 사건이 일어났다. 낮 12시가 조금 지나서 최고회의 청사 앞에서 약 50명의 장교를 비롯해 80명 정도 되는 군인이 시위를 했다고 하는데, 숫자는 자료마다 조금 다르게 나온다.

이들은 즉시 계엄령을 선포하고 군정을 연장하라고 외쳤다. 자기들은 혁명동지회 소속이라면서, "반역 도당들의 완전 색출 시까지 즉시 계엄령을 선포하여 사태를 수습하되 이를 반대하는 장관의 진의가 의심스러우므로 즉시 해임 조치하라"고 주장했다. 여기서 거론된 장관이 누군지는 뻔한 것 아닌가. 이들은 또 "(민생고를 해결한다는) 혁명 공약 제4항은 아직도 실천되지 못했으며 혁명 공약 제6항은 현재로서는 실현 가능성이 없으므로 군정을 연장하든지 박 의장 자신이 민정에 참여해서라도 기필코 실천하라"고 주장했다. 그러면서 군정 연장 등을 요구하는 "우리 젊은 장교들의 우국충정이 관철되지 않을 때에는 부득이 최후적인 수단을 강구할 것을 선언한다", 이렇게 나왔다. 여기에는 수도방위사령부 장교들도 몇몇 끼어 있었다고 한다.

박병권 장군이 현장에 나갔더니만 "박 국방은 물러가라", "계엄령을 선포하라", "군정을 연장하라"고 외치는 통에 전혀 먹혀들지 않았다고 한다. 김진위 수도방위사령관이 가서 막 호령하는데도 먹혀들지 않아서 헌병을 풀어 이자들을 일단 구속한 걸로 돼 있다.

그런데 박정희 의장은 묘한 소리를 했다. 이들을 엄격히 군법으로 다스리도록 지시하면서, 아울러 그 동기가 애국적이든 애족적이든 간에 군인이 데모를 하는 건 있을 수 없다고 했다. 이 시위를 애국적, 애족적으로 본다는 걸 은연중에 깐 것이다.*

---

* 이 데모를 한 장교들은 박정희가 4·8 성명을 낸 후 모두 풀려났다.

1963년 3월 15일 자 경향신문. 즉시 계엄령을 선포하고 군정을 연장하라고 외치는 군인들의 데모 소식을 다루고 있다. "45구경 권총을 차고 있는 장교가 3, 4명이었고 20여 명의 사병은 장교들의 '데모'를 방해하지 못하도록 '데모' 대를 호위하고 있었다. 그러나 최고회의 소속 헌병이나 경호원들은 아무도 이를 제지하려 하지 않았다"고 기사는 전하고 있다.

—— 3·15 군정 연장 요구 데모는 현역 군인들이 대낮에 집단적으로, 더욱이 일부는 무기까지 휴대한 채 벌인 시위다. 그런데도, 당시 신문 보도를 보면 "최고회의 소속 헌병이나 경호원들은 아무도 이를 제지하려 하지 않았다"고 돼 있다. 이 시위의 배후가 박정희 의장의 경호 책임자이던 '피스톨 박' 박종규라는 이야기도 있다. 근거가 충분한 이야기인가.

최고회의 의장 경호실 사람들이 이걸 주도한 걸로 알려져 있다. 각본대로 나온 거라고 본다. 이 군인 데모에 대해 한 신문은 특별히 글자를 크게 박아서 '일부 군인들의 탈선 행동에 경고한다'는 사설을 썼다. "5·16혁명으로 군이 통치를 하고 있는 이 마당에 그 혁명 정부의 예하에 있는 젊은 장교들이 떼를 지어 통수 계통을 문란케 하고 정치적 행동을 내걸어 행동한다는 것도 하극상의 기풍이 그 극에 달했다고 해도 잘못이 아니요, 군율을 무시함이 이에 더할 바 없음을 통탄하지 않을 수 없다. 그들은 외람하게도 '이 나라 정치 정세를 좌시·방관할 수 없어 전 국민의 이름으로' 운운하야 국민의 의사를 참칭했다."

신문 사설에서 이렇게 얘기하지만 박정희는 이미 주한 미국 대사 등 미국 고위층과 바로 밤에 다섯 시간이나 되는 긴 회담에 들어갔다. 그러니까 다 준비해서 순서를 밟은 것이다. 박정희는 군정을 연장하겠다는 자신의 의도를 전했고, 미국은 박정희가 이제까지와는 너무나도 다른 소리를 한다면서 펄펄 뛰었을 것이다.

— 이상한 군인 데모가 벌어진 바로 다음 날, 박정희는 성명을 발표한다. 어떤 내용이었나.

3월 16일, 박정희는 그 유명한 3·16 성명을 발표한다. "정권 인수의 태세를 갖추지 못한 정치인들에게 정권을 이양한다는 것은 너무나 국가 장래가 염려되고 일방 우리 스스로 혁명 당국의 무책임성을 자책하지 않을 수 없습니다. …… 따라서 본인은 앞으로 약 4년간 군정 기간의 연장에 대하여 그 가부를 국민 투표에 부쳐 국민 의사를 묻기로 결심하였습니다." 완전히 뒤집어놓은 것이다. 그

1963년 3월 16일 박정희가 약 4년간의 군정 연장을 제의하고 이를 국민 투표에 부치겠다는 성명을 발표하고 있다. 사진 출처: e영상역사관

러고는 비상사태 수습을 위한 임시 조치법을 공포해서 정당 활동을 정지시켰다. 물론 언론 활동도 다시 제한했다. 이날 국방부 장관에 드디어 박병권 후임으로 김성은 전 해병대 사령관을 임명했다.

엿새 후인 3월 22일 오전 국방부에서 160명(국방부에서 장관을 비롯해 17명, 육군에서 참모총장을 비롯해 사단장급 이상 79명, 해군에서 참모총장을 비롯해 16명, 공군에서 참모총장을 비롯해 23명, 해병대에서 사령관을 비롯해 25명)의 군 지휘관이 박정희 의장의 3·16 성명을 절대 지지한다는 결의문을 채택했고, 김성은 국방부 장관을 선두로 97대의 지프차에 분승해 청와대로 달려갔다. 그래서 이것을 지프차 데모 또는 별판 데모라고 한다. 여기엔 3군 참모총장, 해병대 사령관이 다 들어가 있다. 똑같은 사람이 또, 이번엔 다른 국방부 장관을 따라간 것이다.

터져 나온 반대 시위,
사설 중단한 언론, 압박하는 미국

—— 군정 연장 시도는 커다란 저항에 부딪히지 않나.

이때 분위기는 박정희 측의 바람과 많이 달랐다. 미국 대사관은 격앙했다. 그래서 미국 측은 3·16 성명 다음 날부터 한국으로 향해 가고 있던 미 공법 480호(PL 480, 미국의 농업 수출 진흥 및 원조법)에 따른 잉여 농산물 수송을 즉각 취소하고 가까운 귀항지에 대기하도록 시달했다고 그런다.

또 각계각층이 막 반대하고 일어섰다. 3월 20일 윤보선은 서울시청 부근에서 을지로 입구 쪽으로, 허정은 무교동에서 시청 쪽으로 걸어갔다. 약 20분 간격으로 윤보선이 먼저 출발했다. 이들이 걸어간 지역이 미국 대사관이 있던 반도호텔 쪽이어서 박정희 쪽에선 이걸 대사관 시위라고 한다. 윤보선과 허정이 그쪽으로 걸어갈 때 경찰차가 와서 실어갔다고 한다. 윤보선, 허정 시위는 우리나라 1인 시위의 효시 격이라고 볼 수 있다. 그 후 너무 뜸하다가 근래에 와서 1인 시위를 많이 한다.

3월 22일엔 윤보선, 변영태 이런 사람들이 민주 구국 선언 대회를 열고 시위를 벌였다. 서울제일변호사회도 '2·27로 돌아가라'고 성명을 발표했고 3월 23일에는 전국4월혁명상이동지회 등 4월혁명 단체 9개가 모여 '3·16 성명을 철회하라'고 나왔다. 3월 29일에는 4월혁명 관련 단체 여럿이 모인 4월혁명단이라는 데에서 군정 연장

● 세간에서는 이를 '산책 데모'라고 불렀다.

군정 연장 반대 집회에서 윤보선 전 대통령이
연설하고 있다. 박정희의 군정 연장 방안은
각계각층의 반대에 부딪혔다.
사진 출처: 국가기록원

민정 이양

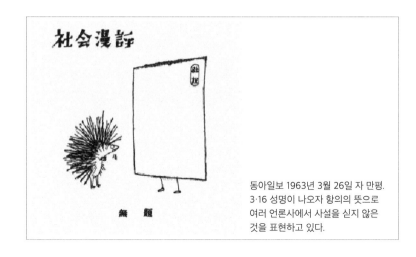

동아일보 1963년 3월 26일 자 만평.
3·16 성명이 나오자 항의의 뜻으로
여러 언론사에서 사설을 싣지 않은
것을 표현하고 있다.

결사반대 성명을 냈다. 이건 나중에 '음모를 꾸몄다'고 걸려 들어가
더라. 학생들도 시위에 나선다. 3월 29일 서울대 문리대, 법대 등의
학생 400명이 4월학생기념탑 앞에 모여 자유 수호 궐기 대회를 열
고 "군정 연장 결사반대" 등을 외치며 시위를 했고, 다른 대학에서
도 시위가 벌어진다.

　그런데 사실은 3·16 성명이 나왔을 때 제일 강경하게 나온 건
언론이라고 볼 수 있다. 조선일보, 동아일보, 대구매일신문, 경향신
문 이런 데에서 3·16 성명에 대한 반발로 사설을 아예 싣지 않았다.
사설을 공란으로 하는 식으로 신문을 한동안 냈다. 그러다 경향신
문은 3월 21일부터 사설을 썼고, 3월 17일 자 신문부터 12일간 사설
을 싣지 않았던 조선일보는 3월 29일 사설을 실었다. 제일 마지막
까지 버틴 동아일보도 3월 30일 사설을 실었다. 4개 신문이 다 이렇
게 나온다. 이때 조선일보에 최석채 주필이 있었는데, 조선일보가
이때까지는 괜찮았다. 1965년경부터 변한다는 얘기를 한다. 경향신
문도 그 무렵 중앙정보부한테 빼앗기는 것이고. 하여튼 신문이 대

단히 강하게 나왔다.°

아울러 미국 측은 여전히 민간 정치인에게 박 의장이 권력을
넘길 것을 촉구하고 3군 총사령관 같은 실권을 차지하라는 의사를
전했다고 뉴욕타임스에 기사가 나오고 그랬다.

군정 연장 철회한 대신
민정 불참 뒤집은 박정희

— 안팎의 격렬한 반대에 부딪힌 박정희는 어떤 모습을 보였나.

4월 8일, 또 하나의 번복 성명이 나오게 된다. 이날 박 의장은
또 번의를 해가지고, 정치 활동을 다시 허용하고 비상사태 수습을
위한 임시 조치법은 폐기한다고 밝혔다. 아울러 3·16 성명에서 제
안한 국민 투표는 보류한다면서, 민정 이양을 하겠다는 쪽으로 또
갔다. 민정 참여 문제를 놓고 1962년 말부터 있었던 엄청난 정치적
폭풍은 여기서 일단락되는 것 아닌가. 이날 이후락 공보실장은 박
의장의 출마를 시사했고, 다음 날인 4월 9일에 김현철 내각 수반은
그걸 더 강력하게 시사했다. 그리고 5월 6일, 김종필에 이어서 이제
두 번째로 박병권 전 장관이 동남아, 중근동 등으로 외유를 떠난다.

4월 10일, 박정희 의장은 파동을 일으키는 얘기를 또 한다. 범
국민 정당이 나왔으면 좋겠다고 하면서 김재춘한테 그걸 맡겼다.

° 정권에 비판적이던 경향신문을 못마땅하게 여기던 박정희 정권은 중앙정보부를 내세워
1965~1966년에 경향신문 사장을 구속한 상태에서 강제로 공매 처분했다.

1963년 4월 8일 이후락 국가재건최고회의 공보실장이 국민 투표 보류, 정치 활동 재개 허용 등 4개 긴급 조치에 관한 성명을 발표하고 있다. 사진 출처: e영상역사관

전에 미국이 박정희한테 '신당에 폭넓게 여러 세력이 참여하게 해야 한다'고 몇 번 얘기한 것으로 알려졌는데, 그걸 박정희가 받아들이는 방식으로 범국민 정당 이야기를 한 것으로 볼 수 있다. 그리고 다른 세력, 말하자면 김종필 반대 세력을 무마하는 차원에서도 범국민 정당을 만들어보자고 얘기한 것이다.

박 의장의 4·8 조치와 범국민 정당 제안이 발표되면서 미국이 다시 박 정권한테 원조 조치를 하는 걸 볼 수가 있다. 미국은 원조 자금 340만 달러를 다시 사용하게 하고 총 1,500만 달러에 해당하는 추가 원조를 5월 말까지 배정해준다.

박 의장의 4·10 선언에 한때 민주공화당은 정말 경기를 일으킬 정도로 놀랐다. '이제 우리 당을 해체해야 한다'면서 해체 결의까지 했다. 그러다가 '그건 너무하다' 해가지고 다시 당을 '대폭 축소하자', 이런 쪽으로 가게 된다.

중앙정보부장이라는 자리가 워낙 좋은 자리이기 때문에 정당 하나는 뚝딱 만들 수 있지 않겠느냐고 생각해볼 수 있지만, 이게 참 어려운 일이었다. 이미 상당수가 민주공화당에 들어가 있었기 때문이다. 그리고 야당은 야당대로 이 시기에 계속 만들고 있었다. 그러니 여기저기서 빼내서 범국민 정당을 만든다는 건 아주 힘든 일이었다. 군부라는 게 여러 세력으로 이합집산을 밥 먹듯이 하는 세력이니까 한때는 반김종필로 연합했지만, 이제는 또 김재춘에 대해 육사 8기 등이 고운 눈으로만 볼 수도 없게 된 것이다. 그러니까 김재춘으로선 죽을 노릇이었다.

밑바닥까지 추락한 박정희 인기
야당은 이전투구 벌이며 지리멸렬

민정 이양, 열 번째 마당

김 덕 련 민정 참여 문제를 놓고 박정희는 손바닥 뒤집듯 태도를 바꿨다. 그걸 통해 결국 민정 불참 성명을 뒤집었으니 박정희로서는 남는 장사를 한 셈이다. 군정 연장 국민 투표를 보류한 4·8 성명 이후 여론은 어떠했나.

서 중 석 그 성명 이후에도 박정희나 군에 대한 여론은 좋지 않았다. 불신이 아주 컸다. 그것은 1963년 7월 29일 경향신문에 발표된 여론 조사에서도 잘 알 수 있다. 차기 정권 담당자로는 누가 더 적합한가를 물었는데 '정치 경험이 풍부한 민간인'이 46.3퍼센트, '몇 사람만 제한한 현 정치인'이 10.1퍼센트 나왔고 '지금 정치를 하는 군인', 이건 박정희와 김종필을 가리키는 것인데 12.4퍼센트밖에 안 나왔다. 그리고 요 몇 년 동안에도 잘 나오는 말인 '전혀 새로운 인물' 29.1퍼센트, 무응답 2.1퍼센트였다. 56.4퍼센트가 그래도 정치는 정치인이 맡아야 한다고 본 것이고, 군인을 지지한 건 12.4퍼센트밖에 안 됐다. 이렇게까지 박정희와 김종필의 신당과 군인들의 정치 참여에 비판적이었다.

군정 공보부에서 실시한 여론 조사 결과도 이와 비슷하다. 훨씬 유리한 방식으로 조사했을 것 같은데 결과가 그랬다. 1963년 8월 9일 각의에 보고한 걸 보면 '잘한다'가 25.7퍼센트밖에 안 되고 9.8퍼센트는 '못한다', 5.7퍼센트가 '말할 수 없다', 30.5퍼센트가 '그저 그렇다'인데 사실 군정 측 조사의 경우 '잘한다'가 적다는 것에 방점을 찍어야 한다고 본다. 그게 25.7퍼센트밖에 안 나왔다. 그러니 군정에 대한 불신은 쿠데타 초기보다도 훨씬 더 심했다고 얘기해도 된다.

그렇지만 이게 과연 야당에 대한 지지냐고 할 때 우리는 1950

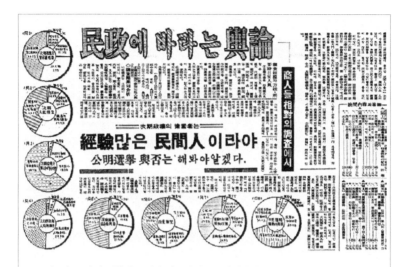

1963년 7월 29일 자 경향신문. 이날 발표된 여론 조사에서 차기 정권 담당자로 적합한 사람으로 '정치 경험이 풍부한 민간인'이 46.3퍼센트 나왔고, '정치를 하는 군인'은 12.4퍼센트밖에 나오지 않았다.

년대를 상기해볼 수 있다. 이승만과 자유당이 도시에서, 특히 서울에서 그렇게 미움을 받고 불신을 당한 것은 야당이 믿음직해서 그런 게 전혀 아니다. 이게 우리나라의 특이한 현상인데, 야당이 좋아서 찍는 것이 아니라 여당 또는 이승만 같은 집권자가 너무나 밉기 때문에 그것에 맞서 싸우고 견제해 달라는 뜻에서 야당을 찍는 것이다. 그런 것이 1960년대에도 그대로 나타나는 것 아닌가. 1971년 선거에선 달라진다. 대선이건 총선이건 좀 다른데, 어쨌건 1960년대도 1950년대와 같은 짝이라고 난 본다.

집권 세력이 너무나 미워서
할 수 없이 야당을 찍는 한국 정치

— 야당이 좋아서라기보다는 여당이 너무나 마음에 들지 않아 어쩔 수 없이 야당을 밀어주는 건 21세기 한국 정치에서도 심심찮게 나타나는 모습 아닌가.

당시 야당은 그런 욕을 얻어먹어도 싸게 보였다. 1963년 1월 1일 정치 활동이 허용되자 야권은 바로 모이기 시작했다. 1월 3일 김병로 전 대법원장 집에서 김병로, 윤보선, 이인, 전진한 이렇게 4명이 모여서 어떻게 정국을 끌어갈 것인가를 얘기하고, 범야권 단일 정당도 만들어야 할 것 아니냐는 논의도 한다. 민주당 신파, 그러니까 장면 민주당 정권의 여당 간부였던 박순천, 홍익표 등은 1월 7일 단일 야당 형성이 급선무라고 강조했다. 1월 11일 단일 정당 형성 확대회의를 열어 김병로와 전 신민당(민주당 구파) 유청, 전 민주당 박순천·이상철, 전 자유당 김법린 등이 회동했다. 그러나 대통령 후보 문제로 홍익표, 박순천 등은 범야 단일 정당 형성 대열에서 이탈했다. 장면이 정치활동정화법에 묶여 있어 마땅한 대통령 후보가 없었던 민주당계는 윤보선만은 절대로 용납할 수 없다는 입장이었다.

1월 27일, 민정당(가칭) 발기인 대회를 열고 민정당 창당 준비위원이자 대표 지도위원으로 김병로를, 지도위원으로 윤보선, 이인, 전진한, 김법린, 서정귀를 선출했다. 민정당에서는 신민당계가 우세했다. 옛날 민주당 구파, 그리고 장면 정권 때는 신민당이 되는 그 세력이다. 왜냐하면 김병로나 이승만 정권에서 초대 법무부 장관을 한 이인, 대한노총 위원장을 지낸 전진한 같은 사람은 자기 조직은 없는 인물이었다. 2월 1일 허정이 정치 활동을 하겠다고 나섰다. 이날 민주당(가칭) 창당 준비 위원회가 열려 대표위원으로 노진설(전 대법관), 박순천을 선출했다. 야당계 인사들은 박정희의 2·18 성명에 고무됐고 2·27 선서에 적극 참여했으나, 결국 4·8 성명을 받게 됐다. 김재춘 중앙정보부장이 범국민 정당을 만들겠다며 야권 인사들을 포섭하면서, 야당계 정당은 풍파를 겪었다. 4월 29일에는 허정을 창당 준비 위원장으로 한 신정新政당 창당 준비 위원회가 발족했다.

야당의 난립은 불가피한 것처럼 보였다. 5월 14일, 공화당 다음으로 민정당이 창당 대회를 열었다. 윤보선이 대통령 후보로 지명됐고 당 대표 최고위원으로는 김병로가 선출됐다. 민정당에서는 김도연, 소선규의 한민당 핵심 세력과 유진산계 간의 대립이 곧 표면화되기 시작했다. 결국 김도연, 소선규는 이탈했다.

— 박정희가 이야기한 범국민 정당의 조직 상황은 이 무렵 어땠나.

이때쯤 되면 범국민 정당이 크게 조직은 되지만 속사정이 워낙 복잡했다. 최근에는 박정희가 양다리를 걸칠 생각이 있었다는 설도 나온다. 범국민 정당이 잘되면 그쪽으로 갈 수도 있다는 것이었다. '김재춘은 내 사람이다', 박정희가 이건 또 굳게 믿고 있었다는 것이다. 어떻게 하다 보니 박정희의 2·18 민정 불참 성명까지 나아가게 하는 데 김재춘이 주요한 역할을 하긴 했지만, 그래도 김재춘은 자기 사람이라는 생각이 있었다고 그런다.

그렇지만 박정희는 역시 민주공화당이 단단한 조직을 가지고 있다는 것을 파악할 수 있었다고 한다. 민주공화당은 5월 10일 중

1963년 5월 27일 민주공화당 전당 대회. 이날 민주공화당은 박정희를 대통령 후보로 지명한다.
사진 출처: 국가기록원

앙선거관리위원회에 정당 등록을 했다. 총재 정구영, 중앙위원회 의장 김성진, 사무총장 김동환이었다. 5월 15일 박정희는 "범국민 정당의 출현은 나의 신념적이며 희망적인 주장이었다. 이러한 정당 의 출현 이전에 본인의 참여 여부는 말할 수 없다"고 하면서, 김재 춘이 만들고 있는 범국민 정당과는 거리를 두었다. 5월 19일 민주 공화당 정구영 총재가 "박정희 의장은 …… 공화당 대통령 후보로 지명되면 이를 수락, …… 군복을 벗고 예편한 후 대통령에 출마 할 것"이라고 말한다. 이렇게 얘기했으면 이제 그렇게 되는 것이다. 5월 24일에는 이후락 공보실장이 "공화당이 총의로써 박 의장을 대 통령 후보로 추대한다면 이를 수락하겠다는 것을 박 의장 자신이 밝힌 바 있다"며 기정사실화하는 걸 볼 수 있다. 5월 27일 민주공화당은 박정희를 대통령 후보로 지명하게 된다.

박정희는 민주공화당과 범국민 정당의 통합을 호소했으나 두 당의 갈등의 골은 깊었다. 그에 더해 범국민 정당이 민주당계, 신민당계, 공화당계, 자유당계 등을 엮어 6월 10일 신당 발기 준비 대회를 열었을 때에는 김재춘 중앙정보부장과도 거리가 생겼다. 사실 범국민 정당은 범벅당이라고 불릴 정도였는데, 놀랍게도 옛날 한민당계의 소선규, 김준연 등이 당 상층부를 차지했고 당명도 자유민주당으로 불렸다. 그러면서 5·16쿠데타 세력과 범국민 정당의 거리는 한층 멀어졌다. 죽 쒀서 개 준다는 말이 있는데, 쿠데타 세력이 죽 쒀서 한민당계에 준 꼴이다. 8월 6일 소선규는 박정희의 인기가 낮아 박정희를 지지할 수 없다고 주장했다. 이로써 민주공화당과 자유민주당의 합당은 끝장이 났다.

윤보선의 옹고집과
야권의 이전투구

─── 5·16쿠데타 세력이 박정희를 대통령 후보로 공식 지명했으니, 이제 야권에서도 대통령 후보를 정할 차례다. 어떻게 진행됐나.

이렇게 되니 야당에선 '우리가 단일화해야 할 것 아니냐'고 해서 단일화 운동이 6월 하순부터 일어난다. 7월 5일 윤보선이 대통령 후보 사퇴 의사를 밝힘으로써 단일 야당 움직임은 급진전했다. 7월 10일 민정당, 신정당, 민주당에 이범석의 민우당, 변영태의 정민회, 무소속 등 6정파 회의가 열렸다. 8월 1일에는 민주당을 제외한 세력이 모여 '국민의당 창당 준비 위원회 결성 대회'를 열었다. 옛날 민주당 신파, 즉 장면 정권 때의 민주당은 따로 독자적인 당을 만들었다. 윤보선하고는 원수지간이라고 볼 수 있지 않나. 5·16 쿠데타 때 윤보선이 그런 모습을 보인 것 때문에 더 그랬다. 그리고 박 정권으로부터 얼마나 탄압을 받았나. 이 민주당을 제외한 나머지 세력들, 그러니까 민정당, 허정이 이끄는 신정당, 이범석이 이끄는 민우당, 일부 재야 세력이 국민의당을 만들자고 모인 것이다.

그런데 국민의당을 만들자고 하면서 바로 이전투구에 들어간다. 어디서나 있는 것처럼 통합할 때 지구당을 어느 쪽이 더 많이 차지하는가, 좋은 자리를 누가 차지하는가를 놓고 싸우는데 역시 제일 큰 것은 대통령 후보 문제였다.

민정당 주류를 빼놓고는 대개가 윤보선을 좋지 않게 봤다. 그렇기 때문에 김병로를 대통령 후보로 해야 한다는 의견이 많았다. 김병로는 독립 운동에도 헌신했고 해방 후에는 사법부 독립을 위해서도 헌신해 누구나 존경할 만한 분이었지만, 이때는 연세도 지긋하고 건강이 나빴다. 박정희의 군정을 종식해야 한다는 그 명분 때문에 이 노인네가 나온 것이었지만, 몸이 말을 안 들었다. 본인이 수락도 안 했다.

그런 와중에 윤보선은 '어떻게 그 건강 나쁜 분이 나오느냐. 대통령 후보는 국민의 지지를 받는 사람이 해야 한다'고 나섰다. 어쨌건 민정당을 제외하고 나머지 세력은 이제는 다 허정으로 기울고 '윤보선은 안 된다', 이런 쪽으로 갔다. 허정과 윤보선이 팽팽히 대립하는 속에서 재야에서도 허정을 지지하고 나왔다. 그러나 9월 5일 국민의당 창당 대회에서 결국 대통령 후보 문제 때문에 엄청난 싸움이 벌어졌다. 민정계와 비민정계 간에 고함과 욕설이 오가면서 대회장은 혼란에 빠지고 대회는 다음 날로 연기됐다. 그때 한 신문이 사설에 '우리 국민이 참 불쌍하다', 이렇게 썼던 게 50년 넘게 지난 지금도 기억이 난다. 국민의당 창당 대회에서는 다음 날에도, 그 다음 날에도 계속 맞서기만 했다.

국민의당이 허정을 미는 쪽으로 가니까 결국 윤보선 쪽이 국민의당에서 나와버렸다. 그렇게 국민의당에선 허정이, 민정당에선 윤보선이 나오는 큰 틀이 잡히면서 대통령 선거를 맞이한다.

특이한 1963년 대선…
선거 돌입 전 여야 모두 만신창이

— 8월 15일, 정부는 대선을 10월 15일에, 총선을 11월 26일에 치른다고 발표한다. 9월 5일에 이를 정식으로 공고하면서 각 세력은 본격적인 선거전에 돌입한다. 대선에 돌입할 무렵 사회 분위기는 어떠했나.

여든 야든 만신창이가 다 된 속에서 대선에 들어갔다는 점에서 특이한 선거였다. 박정희 후보 쪽은 쿠데타로 민간인 정권을 무너뜨렸지만 그때까지 내세울 만한 업적이 없었다. 경제는 더 나빠졌다고 볼 수 있다. 당시엔 농산물 문제가 굉장히 심각했는데, 농산물이 흉작이었다. 1962년엔 쌀, 1963년 들어서는 보리가 흉작이었다. 6월은 보리를 거둘 때 아닌가. 지금은 쌀을 다 먹지만 그 당시만 해도 농촌에선 거의 다 보리밥을 먹고살았다. 도시에서도 가난한 사람은 다 보리밥을 먹었다. 쌀은 비싸지 않았나. 지금은 오히려 보리가 특식으로 대접받고 있지만 그때는 안 그랬다. 그런데 이 보리가 흉작이었다.

미 공법 480호에 따른 농산물 도입량도 줄었다. 그러면서 6월에 농산물 파동이 일어났다. 한 가마에 2,000원대이던 쌀값이 4,000원대까지 거의 2배로 뛰고 그랬다. 이러면 도시 사람들은 죽는 것이다. 또 6월과 7월에 잇따라 재해가 발생했다. 태풍 셜리로 피해가 컸고 폭우도 심했다. 이렇게 아주 어려운 일이 6월부터 일어난 것도 집권 세력에게 불리할 수 있었다.°

그런데 구원투수가 미국에서 왔다. 8월이 되면 소맥이 대량으로 미국에서 한국으로 오는 걸 볼 수 있다. 이게 선거에서 영향력이 컸다.

── 스스로 내세운 '혁명 공약', 그중에서도 민정 참여 문제를 놓고 보인 행태 등은 박정희의 발목을 잡는 요소 아니었나.

박 후보가 번의에 번의를 거듭하면서 '참 믿을 수 없는 사람이다', 이런 인식이 퍼졌다. 또 4대 의혹 사건, 민주공화당 사전·이원 조직 같은 것이 '청신하기는커녕 정말 신악 아니냐'는 식으로 받아들여지면서 박 후보가 불리한 점이 있었다.

그 대신 박 후보 쪽은 막강한 조직을 갖고 있었다. 내 제자 이

° 1963년 12월 27일 자 경향신문에는 당시 상황이 이렇게 기록돼 있다. "7~8월에 …… 쌀 한 가마가 5,000원으로 뛰고 밀가루조차 넉넉지 못해 굶주림의 아우성이 터져 '대만미米를 사들인다', '태국미를 사들인다', '미국에 식량 원조 교섭을 한다' 하고 소동이 났다."

1963년 6월 21일 자 동아일보. 태풍 셜리로 인해 49명이 죽고 1만 7,000여 명의 수재민이 발생했다고 보도하고 있다.

병준의 석사 논문을 보면 민주공화당 창당 당시 당원은 13만여 명에 불과했다. 그런데 1963년 5월 20일에 20만 명이 넘었고 8월 말에는 70만 명으로 확대됐으며 대통령 선거일인 10월 15일에 이르면 당원 수가 무려 150만 명이나 되는데, 야당은 그것의 두 배가 실제 숫자라고 주장했다. 당원이 1만~2만 명이던 야당과는 비교를 한다는 것 자체가 무리였다. 선거 자금의 경우 그 내막을 알 수 없어 양측을 비교할 방법도 없지만, 엄청난 차이가 난다는 것만은 누구나 알고 있었다. 선거 자금을 야당과 비교하면 100 대 1이라는 말까지 나올 정도였다. 절대적으로 유리했다. 조직 차이는 여당과 야당의 당원 수 차이만큼이나 컸다.

특히 민주공화당은 관변 조직에 강했다. 1963년에 전국의 통·리·반장은 20여만 명에 이르렀는데, 이들은 공무원들과 달리 정치적 활동을 할 수 있었다. 통·리·반장은 지역 주민 중 가난한 사람들, 실업자에게 영향력이 컸다. 막일에 동원하는 경우 선택권이 있었다. 당시에는 구호 대상자가 많았는데, 1963년 7월 현재 783만여 명에 달한 것으로 보고됐다. 이들에게 통·리·반장의 영향력이 큰 것은 자연스러운 일이었다. 선거 자금을 살포하는 데에도 이러한 조직을 활용할 수 있었다.

재건국민운동본부가 정치 세력화할 것이라는 우려에 대해 전에 이야기를 한 바 있는데, 1963년 9월 현재 이 기구의 요원은 50만 명에 이르렀고 회원은 청년회, 부녀회까지 합하면 360만 명이 넘는다고 했으며 16만 6,877개의 재건방坊과 1만 2,982개의 집단 촉진회가 있었다. 정치 활동을 못하게 돼 있었지만, 군사 정부의 업적을 각지에서 영화 등을 통해 선전하는 것은 마치 당연한 업무처럼 돼 있었다.

여당은 방대한 조직과 자금으로 전국 각지에서 경로잔치, 야유회 등 선심 활동을 벌였다. 농협, 어촌계, 산림계, 4H 구락부, 농사 개량 구락부, 생활 개선 구락부 등도 일정하게 활용할 수 있었다. 또 중앙정보부 같은 기관부터 방대한 관료 조직, 국영 기업체 등에 이르기까지 관권이 미칠 수 있는 여러 조직을 장악하고 있었다.

야당은 거듭 얘기하지만 1월부터 8월까지 싸움만 벌인 것으로 돼 있다. 세상에 저렇게까지 싸울 수 있느냐고 얘기할 정도였다. 윤보선이 야당의 주요 대선 후보가 되는데, 윤보선은 한민당 골수 세력의 일원이고 참신성을 찾아보기가 어려웠다. 윤보선은 허정, 김병로 등과 비교되면서 '대통령 병에 걸린 사람 아니냐. 왜 이렇게 자기만 나가야 한다고 하는 건가'라는 비난도 받았다. 제대로 된 조직도 물론 없었다. 옛날 신민당 일부 조직밖에 더 있었나. 자금도 없었다. 내세울 만한 정책도 별로 없었다. 그러니 야당은 지리멸렬할 수밖에 없었다. 이렇게 여야 모두 내세울 정책은 별로 없으니까 무엇으로 붙었느냐 하면 이념이었다. 그러면서 이념 싸움이 된 것이다.

불운한 군인 박정희?
그런 군인 계속 나오게 만든 건 다름 아닌 박정희 자신

— 대선 출마를 앞두고 박정희는 군복을 벗는다. 이때 눈물을 흘리는데, 그 의미가 무엇인지 의문이 든다.

군사 정부 쪽에선 선거에 대비해 여러 조치를 했다. 그에 대해 숙의하는 것이 많이 나온다. 그러면서 8월 30일 박정희 의장의 전역식이 3부 요인, 외교 사절, 각계 인사 등 600여 명이 참석한 가운데 열렸다. 박정희는 "다시는 이 나라에 본인과 같은 불운한 군인이 없도록 하라"고 호소했다.

이때 눈물을 흘렸다는데, 이 눈물의 의미가 뭔지 잘 알기가 어렵다. 강력한 영도자 통치를 바랐고 권력에 대한 집념이 대단히 강하지 않았나. 그래서 4대 의혹 사건까지 일으키면서 사전 조직해 민주공화당을 만들었는데 뜻밖의 복병을 만나 1963년 초에 곤경에 처했다는 데서 비롯한 눈물인지 아니면 다른 무엇인지는 정확히 알기가 어렵다.

그러나 박 의장이 이날 얘기한 "본인과 같은 불운한 군인"은

1963년 8월 30일 박정희 육군 대장 전역식이 각계 인사 등 600여 명이 참석한 가운데 열렸다. 박정희는 이날 "다시는 이 나라에 본인과 같은 불운한 군인이 없도록 하라"고 호소하며 눈물을 흘렸다고 한다. 사진 출처: e영상역사관

계속 나타나게 돼 있었다. 왜냐하면 박정희가 성공하는 걸 봤기 때문에 다른 사람들도 '쿠데타를 일으켜서 뭔가를 하자', 이런 생각을 갖게 된 것이다. 그리고 박정희의 통치, 특히 유신 통치가 모델로까지 제시되면서 전두환 신군부 권력이 출현하는 것 아닌가. 더욱이 신군부는 박정희가 키워준 하나회가 주축을 이루지 않았나.

— 박정희가 정말 "불운한 군인"이었는지 의문이지만, 그에 앞서 진정성을 느낄 수 있는 눈물인지도 의문이다. 민주주의를 짓밟은 것에 더해 한국전쟁 전후 민간인 학살 피해 유족에게 '제2의 학살'을 한 것 등에서도 이는 잘 드러난다. 마음에 피멍이 든 억울한 사람들에게 또다시 지울 수 없는 상처를 남긴 인물

민정 이양

군복을 벗은 박정희. 1963년 9월 4일 박정희가 방대한 조직을 갖고 있는 재건국민운동본부 각 도·시·군 직원 일동을 접견하고 있다. 박정희는 8월 31일 열린 공화당 전당 대회에서 대통령 후 보로 지명되었다. 사진 출처: e영상역사관

이 자신이야말로 불운하다며 흘린 눈물에서 고통에 공감하는 진정성을 찾기는 참 어려운 일이다.

세월호 참사 후 딸인 박근혜 대통령이 흘린 눈물도 그 점에서 일맥상통한다. 2014년 5월 19일 박 대통령은 특별법을 만들고 필요하다면 특검을 해서라도 진상을 낱낱이 밝히겠다고 눈물을 흘리며 약속했지만, 그 후 전혀 다른 태도를 보였다. 철저한 진상 규명과 책임자 처벌은 박근혜 정부와 여당에 가로막혔다. 유가족들은 '제2의 학살'에 못지않을 고통 속으로 내몰렸다. 진정성 없는 눈물이라는 점에서도 두 박 대통령이 빼닮은 것 아닌가 하는 생각이 든다.

다시 돌아오면, 박정희 의장이 "불운한 군인" 운운하며 눈물을

보이고 군복을 벗은 후 상황은 어떻게 전개됐나.

전역식 다음 날인 8월 31일, 민주공화당 전당 대회가 열렸다. 여기서 박정희는 대통령 후보 지명을 수락했다. 또 정구영이 총재에서 사퇴하고 박정희가 총재가 됐다. 이때부터 1979년 10·26사건이 날 때까지 민주공화당 총재를 하게 된다. '유신 체제는 범국민적이라고 하면서 왜 한 정당의 총재가 되느냐. 총재직을 떠나야 한다', 유신 시절엔 이런 이야기도 있었다. 어쨌든 외유 중인 김종필의 귀국 문제도 이 전당 대회에서 논의됐고, 김종필 조속 귀국 건의가 전당 대회 직후 이뤄진다.

그리고 대통령 선거 공약을 제시했지만 특별한 것은 없었다. 정당 정치 구현, 지방 자치 제도 실시, 중농 정책도 이야기했는데 이것들은 유권자를 헷갈리게 하는 공약이었다. 박 후보와 정당 정치 구현은 너무나 거리가 멀었고, 지방 자치를 실시하려는 생각은 전혀 없었으며, 이 당시에는 중농 정책과 정반대되는 정책을 펴고 있지 않았나. 선거 표어는 "새 일꾼에 한 표 주어 황소같이 부려보자"였다. 중앙당 선거 사무장 겸 기획위원회 위원장에는 당 의장인 윤치영을 앉혔다. 박정희는 쿠데타 후 2년 동안 구정치 풍토 배격과 세대교체를 주요 혁명 과업으로 내세우면서 구정치인을 그토록 비난했고 이 이후에도 계속 비난하지 않나. 그러면서 윤치영을 그런 자리에 앉힌 것이다. 이승만 비서였고 초대 내무부 장관 때부터 구설에 자주 올랐던 윤치영보다 더 구정치인, 닳고 닳은 구정치인은 없을 터인데도 그렇게 했다. 세상이 요지경인지, 권력을 쥔 자의 정신 상태가 요지경인지 알 수가 없다. 그런데 윤치영은 내무부 장관에서 물러난 후 이승만에게 그토록 열렬히 구애求愛를 했지만 끝내 재등용이 안 돼 찬밥을 먹었고 큰 선거를 치러본 경험이 없었다.

9월 3일엔 자유민주당도 창당 대회를 열었다. 범국민 정당이 바뀐 게 자유민주당이다. 창당 대회에서 자유민주당 대표 최고위원에 김준연, 최고위원엔 소선규, 송요찬, 김재춘, 김봉재가 추대됐다. 닳고 닳은 구정치인인 윤치영이 공화당 의장으로서 박정희 총재를 보필하고 대선 총책임자가 되더니만, 박정희가 제안한 범국민 정당에서는 옛날 한민당 골수로 윤치영에 버금가는 구정치인이라는 얘기를 들을 수 있는 김준연, 소선규가 지도권을 장악한 것이다.

그런데 장도영에 이어 1961년 7월 3일부터 1962년 6월 초까지 내각 수반을 했고 1963년 2월 박정희의 민정 참여를 반대한 송요찬은 8월 8일에도 '박정희 의장에게 보내는 공개장'을 내고 '박정희는 물러나라. 민정에 참여해서는 안 된다. 그게 애국이다'라는 얘기를 했다. 그 이야기를 하자마자 8월 11일에 구속됐다. 중앙정보부에서 연행했는데, 혐의는 한국전쟁 시기와 4월혁명 때 송요찬이 살인 및 살인 교사를 했다는 것이었다. 이런 식으로 보복하다니 무서운 세상이다. 그런데 8월 17일 구속적부심에서 풀려났던 송요찬이 자유민주당 창당 대회 다음 날인 9월 4일 다시 구속됐다. 정치적 보복이 틀림없다고 단정한 자유민주당은 9월 5일 구속 중인 송요찬을 대통령 후보로 정했다.

김재춘은 창당 대회 나흘 후인 9월 7일에 자유민주당을 탈당하고 김종필, 박병권에 이어 세 번째로 외유를 떠난다. 김재춘은 일본 등을 거쳐 유럽으로 갔다. 이에 관한 김재춘 회고가 재미나다. 구속적부심에서 석방됐던 송요찬이 얼마 후 재구속되자, 김재춘은 '나도 저렇게 되겠구나' 해서 피신했고 그래서 살아났다는 것이다. 그런데 실수로 은신처가 발각돼 할 수 없이 박정희와 만나게 됐고,

함께 일하자는 박정희의 제의를 뿌리침으로써 본의 아니게 3개월 외유했다고 회고하고 있다.[*] 박정희는 정말 무서운 사람이다.

---

[*] 김재춘은 대선이 끝난 후인 1963년 12월 6일 귀국한다.

사상 논쟁 불붙은 1963년 대선,
"박정희 좌익 전력 당연히 짚어야"

민정 이양, 열한 번째 마당

김 덕 련 1963년 대선에서는 이른바 사상 논쟁이 격렬하게 벌어졌다. 어떻게 시작된 것인가.

서 중 석 제5대 대선 후보들의 지방 유세는 1963년 9월 20일에 시작됐다. 그런데 바로 며칠 후에 쌈판이 벌어졌다. 사상 논쟁을 도발한 건 윤보선이라고 많은 사람이 생각하는데, 그렇지 않다. 박 후보 쪽이 윤 후보 쪽을 도발했다.

윤보선 후보는 9월 21일 목포에서 지방 유세를 시작했다. 이때 윤 후보는 '혁명 정부'가 어느 때보다도 부정부패했고 "군사 정부는 지난 2년 반 동안 기아, 부패, 실업, 불법, 분열 등 오악五惡의 실정을 저질렀다"면서 군정의 오악을 몰아내자고 역설했다. 그런데 9월 23일, 박정희 후보가 서울중앙방송국(오늘날 KBS)을 통해 10분간 정견 방송이란 걸 했다. 박정희 생애에서 처음으로 한 정견 방송이다. 박정희로서는 역사적인 정견 발표인 셈이다.

여기서 박 후보는 "이번 선거는 개인과 개인의 대결이 아니라 민족적 이념을 망각한 가식의 자유민주주의 사상과 강력한 민족적 이념을 바탕으로 한 자유민주주의 사상의 대결"이라고 말했다. 민족적 이념을 망각했다고 한 건 무엇을 가리키는지 명확하지 않지만, 박정희는 '주체 의식'을 망각했다는 뜻으로 이 말을 사용한 것으로 보인다. 그러면서 "이조 500년 동안의 사대주의적 근성과 일제 식민지적 근성을 일소하고 민족 주체 의식의 확립 외에 외국의 주의, 사상, 정치 제도를 우리 체질과 체격에 알맞도록 적용, 실시하자는 것이 나의 주장이다"라고 얘기했다.

── 생애 첫 정견 방송에서 아주 강한 주장을 했다. "사대주의적 근

1963년 9월 28일 박정희가 유세장에서 정견을
발표하고 있다. 박정희는 "사대주의적 근성과
일제 식민지적 근성을 일소"해야 한다고 말했다.
사진 출처: 국가기록원

열한 번째 마당

제5대 대통령 선거 벽보. 사진 출처: 국가기록원

성과 일제 식민지적 근성"은 어떤 맥락에서 문제 삼은 것인가.

앞부분이 사상 논쟁을 유발한 것이지만 뒷부분도 음미해볼 필요가 있다. 9월 28일 서울 유세 등 중요 유세에서 여러 번 나온 얘기다. 일제 식민주의 사상을 전파한 관학자들이 '한국인은 사대주의 근성을 가지고 있고 게으르고 당파성이 강하고 노예근성을 가졌다'는 민족성론을 주장하지 않았나. 이걸 "식민지적 근성"이라고 박정희 후보가 얘기한 것이라고 할 수 있다. 일제는 이 식민지 근성이라는 걸 강변하면서 '한국인은 자주성, 자립성이 없고 따라서 일제 지배를 받는 것은 한국인의 사대주의나 식민지적 근성, 민족성을 볼 때 당연하다', 이런 식민 사관을 쭉 펴오지 않았나. 그런데 박정희가 여기서 또 일제 관학자들의 식민 사관을 거의 비슷하게 역설하면서 '이게 주체 의식, 자주 의식이다', 이런 식으로 얘기하는 것을 볼 수 있다.

또 연설 뒷부분을 보면 "외국의 주의, 사상, 정치 제도를 우리 체질과 체격에 알맞도록 적용, 실시하자"고 돼 있다. 전에도 이야기한 것처럼, 이건 앞에서 말한 "식민지적 근성"과 함께 이미 1962년에 나온 《우리 민족의 나갈 길》에서 여러 차례, 아주 자주 언급한 것이다. 1963년에 나온 《국가와 혁명과 나》에서도 언급한다. 그러고는 이 방송 연설뿐만 아니라 9·28 서울 유세 등에서도 똑같이 이 얘기를 하고 있다. 자주 의식이라고 얘기하고 있는데, 여기서 얘기하는 "우리 체질과 체격에 알맞도록"은 나중에 유신 시대의 이른바 '한국적 민주주의'로 구체화된다.

그러니까 이런 주장은 유신 체제의 '한국적 민주주의'와 닿아 있는 것 아니냐고 볼 수 있고, 일본의 황도파 청년 장교들의 쇼와 유신 주장과도 맥을 같이하는 것으로 보인다. 그런 주장을 방송 연설은 물론 유세장에서, 이것이 주체 의식이고 자주 의식이라고 공공연하게 말하는 것을 볼 수 있다. 정치, 사회, 문화, 경제 모든 면에서 친일파 위세가 대단했고 일제 식민지 유산이 청산되지 못한 당시에 그런 주장이 오늘날 역사 인식과는 다르게 먹혀들 수 있는 면이 있다는 걸 생각할 수는 있다. 그렇지만 박정희가 잘못된 식민 사관, 특히 대륙 침략의 첨병이던 청년 장교들이 강하게 포지하고 있던 주장 같은 것들을 충분히 극복하지 못한 것 아니냐, 그래서 첫 번째 대통령 선거에서 자신의 가슴속에 있는 것을 그대로 토로한 것 아니냐 하는 생각이 든다. 한 가지 덧붙이면, "우리 체질과 체격에 알맞"은 정치 제도가 유신 체제라는 것을 이때는 유권자들이 꿈에도 생각하지 못했다.

윤보선 대통령 후보의 서울 유세 현장. 윤보선은 전주 유세 현장에서 "여순 반란 사건의 관계자가 정부에 있는 듯하다"는 중대 발언을 했다. 사진 출처: e영상역사관

"가식의 자유민주주의"-"여순사건 관련"
박정희와 윤보선의 뜨거운 공방

—— "민족적 이념을 망각한 가식의 자유민주주의 사상"이라는 공격에 야당 후보들은 어떻게 대응했나.

박정희가 "가식의 자유민주주의 사상"이라고 몰아가니까 윤보선이나 허정이 발끈하며 치고 나오는 것을 볼 수 있다. 9월 23일 민정당은 순천, 여수에서 유세를 했는데 이때 윤보선은 "박정희가 주장하는 행정적 민주주의는 이질적인 것으로, 기어이 배격해야 한다"고 주장한다. 행정적 민주주의가 자유민주주의와 근본적으로 성격을 달리하는 이질적인 것이라는 주장은 정곡을 찔렀다고 볼 수 있다. 이어서 9월 24일 전주에 와가지고 "여순 반란 사건의 관계자가 정부에 있는 듯하다"는 중대 발언을 했다. "내가 할 말을 박 후보가 방송을 통해 했다. …… 지금은 민주주의와 가식적·이질적 민주주의가 대결하고 있는 것이다. 나는 오히려 박 의장의 사상이나 민주주의 신봉 여부를 의심해 마지않는다. …… 어제(23일) 여수 강연에서 느낀 바가 있다. 여순 반란 사건의 관계자가 정부 안에 있다는 걸 상기해야 한다." 윤보선이 "그렇다고 박정희 의장을 보고 공산주의자라고 하는 것은 아니다"라고 부연 설명을 했지만, 어쨌건 세게 치고 나온 것이다.*

그러자 민주공화당은 윤보선을 허위 사실 유포, 후보자 비방 금지 위반 혐의로 서울지검에 고발했다. 박 의장은 계속해서 가식의 자유민주주의와 강력한 민족적 이념을 바탕으로 한 자유민주주의의 싸움이라고 얘기했고 그것을 이후락 최고회의 대변인이 9월 26일 다시 잘 설명해줬다. 이게 뭘 의미한다는 것을 이후락에게 설명하게 한 것이다. "박 의장은 4·19혁명, 5·16혁명을 유발한 책임이 있었던 모든 구정치인 그리고 특히 5·16혁명 직전 남북 협상론이 횡행하고 공산 세력의 간접 침략으로 국가가 존망의 위기에 처했을 때 이를 방관·좌시했던 모든 정치인들을 가식의 자유민주주의 신봉자라고 규정해왔다", 이렇게 몰아세웠다. 장면뿐만 아니라 윤보

● 윤보선의 여순사건 관련 발언은 '박정희 후보가 야당 지도자들에 대해 가식적 민주주의자라고 말했다'는 기자의 물음에 답하면서 나온 것으로 기록돼 있다. 사상 논쟁 문제와 관련, 윤보선은 1989년 동아일보에 연재한 회고에서 이렇게 밝혔다. "처음부터 그(박정희)를 그렇게 심한 말로 공격할 생각은 없었다. 그가 먼저 나를 자극하는 말을 하지 않았다면 나도 그렇게는 나가지 않았을 것이다."

각 후보들의 선거 홍보 현수막.
사진 출처: 국가기록원

선도 그렇다는 것이다. 이뿐만 아니라 박 후보는 5·16쿠데타 전에 통일 운동을 펴온 민족주의자들을 방관, 좌시하지 않고 미국과 뜻을 같이해 철저히 처단한 것을 강력한 민족적 이념이라고 강변하는 기이한 주장을 했다.

—— 5·16쿠데타 후 박정희 쪽에서 반공 성향이 강한 장면을 용공 세력으로 몰아세우려 한 것의 연장선 위에 놓인 것으로 보인다. 그렇지만 장면도, 윤보선도 공산주의와는 거리가 먼 사람 아니었나.

장면이나 윤보선은 박정희보다 더 세면 셌지, 조금도 덜하지 않은 골수 반공 세력이라고 볼 수 있다. 그런데 박정희가 이 세력들에게 가식의 자유민주주의라고 하니 윤보선 쪽은 더 발끈할 수 있었다. 그러면서 황태성 사건까지 허정 쪽이건 윤보선 쪽이건 물고 늘어지기 시작한다. 9월 25일에는 서울에서 구국청년동지회 명의로 '박정희 씨에게 묻는다'라는 제목의 '삐라'가 살포됐다. 황태성과 관련된 여러 의혹을 박정희가 밝혀야 한다는 내용인데, 거기에는 "황태성은 대구 10·1 폭동 사건 당시 박정희 씨의 실형實兄과 같이 활약했다는데 그에 대한 진상을 밝혀라"라고 물은 것도 있다. 실형은 박상희를 가리킨다. 사실 당연한 것들을 물었더라. 그러면서 사상 논쟁이 계속해서 치열하게 됐다.

9월 28일, 예전엔 야당 도시로 유명했던 대구에서 윤보선은 전에 한 말을 더 치고 나간다. "여순 반란 사건에 공화당 후보 박정희 씨가 관련됐다고 볼 수 있다"고 하면서 박정희를 이질적 사상의 소유자로 막 몰아붙였다. 그러자 그날 바로 김형욱 중앙정보부장이

"여순 반란 사건 관련자가 정부 내에 있다는 건 터무니없는 소리다", 이렇게 받아치고 그랬다.

박정희 좌익 전력 문제 삼은 건 잘못?
당연히 짚고 넘어가야

── 윤보선 쪽에서 박정희가 걸어온 길을 정확히 파악하지는 못했다는 것이 여기서도 드러난다. 박정희는 남로당 프락치이긴 했지만 여순 반란 가담자는 아니지 않나.

이 사상 논쟁을 통해 우리는 두 가지를 따져볼 필요가 있다. 하나는 윤보선 쪽에 정보가 너무나도 없었다는 점이다. "박정희는 남로당 군 프락치", 이 한마디만 하면 정곡을 찌르는 것인데 그걸 몰랐던 것이다. 사실 박정희가 남로당 군 프락치였다는 걸 얘기해줄 수 있는 군인들이 있었지만, 요즘과 달리 어느 누구도 윤보선 후보한테 찌르지 않은 것 같다. 그러니 박정희 쪽이 '말도 안 되는 주장'이라고 받아쳐도 윤보선 쪽은 '여순사건에 관련된 것 아니냐', 계속 이렇게만 몰아붙였다. 정보가 없었기 때문이다.

이때까지만 하더라도 우리 현대사 전체가 알려지지 않거나 왜곡된 게 너무나 많았다. 그렇지만 쿠데타를 일으켜 일국을 장악한 박정희 최고회의 의장에 대해서조차 그 사람이 무엇을 했는가, 어떤 일을 하며 살았는가를 모르고 있었다는 건 대단히 심각한 문제다. 박정희 일생에서 굉장히 중요한 것인데 그걸 모르고 있었던 것이다. 이런 점을 하나 생각해볼 수가 있다.

— 윤보선 쪽은 1963년 대선 때뿐만 아니라, 대선 한 달 후에 치러진 총선에서도 이념 공세를 펼쳤다. 이것이 적절했는지 의문을 품는 시각도 있다. 어떻게 보나.

'윤보선 쪽이 사상 논쟁을 일으킨 건 잘못 아니냐. 그건 공정한 것이 아니지 않느냐', 요새 이런 주장들이 좀 있더라. 박정희, 전두환 쪽에서 그런 색깔론으로 민주화 운동 세력을 비롯한 국민들을 그렇게 몰아붙였는데, 야당 쪽은 그래선 안 되는 것 아니냐는 생각이 있는 것 같다.

1960~1970년대, 특히 유신 체제에서 반대 세력 또는 노동 운동을 비롯해 진지한 사회 운동을 하는 사람들을 다 좌경, 용공으로 몰아붙이고 수많은 사건을 조작하지 않았나. 민청학련 사건, 인혁당 재건위 사건을 포함해 그런 사건이 아주 많았다. 또 김대중 같은 경우 1970년대에 권력 쪽에서 색깔을 가득 칠한 유언비어를 유포했고, 전두환 신군부도 쿠데타를 일으켜 김대중을 제거하려 하지 않았나. 심지어 김대중이 1990년대에 대선 후보로 나왔을 때 어느 신문에서는 사상 검증, 정견 검증까지 하겠다고 나오지 않았나.

— 이른바 사상 검증의 압권은 제15대 대선을 두 달 앞둔 1997년 10월 8일 극우 성향 잡지인 《한국논단》이 주최한 '대통령 후보 사상 검증 대토론회'였다. 《한국논단》은 "최소한의 확인도 없이 우리나라 지식인과 시민, 종교 단체를 좌익으로 몰았던 극우 월간지"라는 비판을 받던 곳이었다. 그런 《한국논단》이 주최한 이 행사의 핵심 표적은 김대중 후보였다. 이런 행사였는데도 방송 3사(KBS, MBC, SBS)가 생중계했다. 그래서 수많은 사

람이 한편으로는 분노하고 다른 한편으로는 어이없다는 반응을 보인 기억이 생생하다.

그런 식으로 김대중 후보에 대해 모모 언론 등에서 몰아쳤다. 이렇게 민주화 운동을 좌경, 용공으로 몰아가고 수많은 사건을 조작한 그 세력이 지금도 자신들과 대립하고 자신들을 비판하는 세력을 마구잡이로 '종북'으로 몰아세우지 않나.

그런 식으로 하는 건 아주 나쁘다는 생각이, 1963년 대선에서 윤보선도 너무한 것 아니었느냐는 시각의 밑바탕에 강하게 깔려 있다. 그런데 당시는 극우 반공적인 모습을 누가 더 잘 보이느냐 하는 걸 경쟁하는 사회였다. 그래서 박정희는 장면조차 용공 세력으로 몰아가면서 자신의 쿠데타를 합리화하려고 하지 않았나. 미국에 잘 보이기 위한 측면도 있었다. 혁신계 대부분이 반공적인 우파 또는 반공적인 중도 우파라고 볼 수 있는데, 이런 세력까지도 다 체포, 투옥하고 반국가 사범으로 몰아 중형에 처하고 그랬다.

그랬는데 '대통령 후보인 박정희가 남로당에 깊숙이 관여했다', 이걸 당시 윤보선 측이 잘 모르긴 했지만 하여튼 사실 아닌가. 남로당 군 프락치로서 이재복을 비롯한 남로당 중요 간부를 만난 것도 사실 아닌가. 적어도 박정희에게 석연치 않은 과거, 그리고 이상한 행위를 한 게 있었다고 할 때 그건 당연히 짚고 넘어가야 한다고 본다. 이것조차 색깔 논쟁이라는 식으로 얘기한다는 것은 그 당시의 상황이나 윤보선 쪽에서 어떤 식으로 치고 나갔는가를 잘 모르고 하는 얘기라고 본다.

지금 야당이나 언론이라고 하더라도, 또 청문회 같은 게 열린다고 할 때 이런 문제에 대해 '사실이 뭐냐, 진상이 뭐냐'를 강하게 파고드는 건 나는 당연하다고 본다. 예컨대 2012년 대선에서 야당이나 언론이 박근혜 후보와 유신 체제의 관련성을 제대로 비판했나? 그렇다고 보기 어렵다. 이런 것은 문제가 있다고 본다. 비판할 것은 비판해야 하는 것이다. 그것조차 안 하는 것은 중국 고사에 나오는 송양지인宋襄之仁과 같은 어리석은 짓이다. 말도 안 되는 것이다.

다만 1963년 대선에서 너무 대통령 싸움에 몰두해 윤 후보건 박 후보건 사상 논쟁에만 매달려 서로 공격하고, 그래서 윤 후보 쪽에서 신선한 정책을 제시하지 못한 것, 이게 문제가 있는 것이다. 이건 얼마든지 비판해야 한다.

좌익 전력엔 쌍심지,
친일 문제엔 침묵

— 사상 논쟁이 전개된 과정을 돌아보면, 박정희의 좌익 전력은 들추면서도 친일 여부에 대해서는 문제 삼지 않는다. 윤보선이 한민당 출신인 것과 무관치 않아 보인다. 그런 면에서 해방 후 한국 정치의 특징을 드러내는 풍경이 아닌가 하는 생각이 든다. 어떻게 평가하는지 궁금하다.

박정희와 남로당의 관계 문제를 보더라도, 박정희가 일제 때 창씨개명을 한 이름조차 과연 윤보선이 알고 있었느냐. 난 이것도 몰랐을 가능성이 있다고 본다. 하여튼 한민당은 한 번도 친일파를 숙청하자고 한 적이 없다. 해방 직후에 그랬다. 그렇지 않나. 그리

1963년 9월 28일 자 동아일보. 대선 후보 간 '설전' 양상을 보도했다.

고 이 당시 군 수뇌부가 친일 군인으로 돼 있었으니, 군을 건드리는
게 될 수도 있었다. 내가 예전에 고 리영희 선생한테 개인적으로 이
런 얘기를 들은 적이 있다. 지구상에서 식민 국가 그러니까 식민지
를 통치한 나라의 군인이 독립 후 국가 원수가 된 경우는 박정희밖
에 없지 않느냐고 하더라.

　　사실 그 당시에 친일파 문제는 꺼낼 수조차 없었다. 친일파가
우리나라에서 제일 강성한 때가 1950년대 후반에서 1960년대에 걸
쳐서가 아니었나 하는 생각을 난 한다. 이승만 정권에서 장차관의

친일파 비율이 말기로 갈수록 심해진다. 그건 통계로 얘기할 수 있다. 자유당 간부도 마찬가지다. 말기로 갈수록 자유당 간부 중에서 친일파가 더 많아진다. 1950~1960년대엔 정치계, 관계, 경찰, 군에만 친일파가 쫙 깔려 있는 게 아니었다. 경제계도 그렇고 문화계도 친일파가 좌지우지하고 있었다.

그러니까 이미 1950년대 중반에 언론인 최석채는 '친일파 문제를 거론하는 건 계란을 갖고 바위를 치는 격이다', 이런 얘기를 했다.* 1950년대 후반이나 1960년대엔 그야말로 친일파 세상이다시피 하니까 한민당 출신인 윤 후보가 아니라 하더라도 친일파 문제를 누가 거론할 수 있었겠느냐 하는 생각이 든다.

'선거 지면 다시 쿠데타' 암시·협박한 박정희 측
"부산·대구, 빨갱이 많다" 자충수 둔 윤보선 측

— 선거가 뜨겁게 달아오르면서, 박정희가 지면 쿠데타가 다시 일어날 수도 있다는 협박성 발언까지 나오지 않나. 누가, 어떤 상황에서 이런 이야기를 한 것인가.

선거 말이 되면서 싸움은 상당히 복잡하게 돌아갔다. 윤보선이

---

* 1955년 8월 29일 최석채는 이렇게 썼다. "모든 사회의 지배 계급이 일제 통치하의 인적 구성과 과연 얼마나 달라졌는지 눈을 홉겨보면 기막힌 상태요, 오늘날 그 세력에 대항하자면 마치 계란을 가지고 바위를 깨뜨리는 격의 바보짓이라고 세상 사람은 조소하리다. 그러나 이 민족에 손톱만 한 자주성이 있고 본능적인 설분雪憤이 있다면 전 민족의 가슴 속에 말하지 못할 그 무엇이 울부짖어 있음을 역력히 알 수 있을 것이라 믿는다."

1963년 10월 3일 자 경향신문. 대선 후보에서 사퇴한 허정을 두고 "살신성인의 표본"이라고 말하고 있다.

9월 28일 대구에서 강경 발언을 한 다음 날(29일), 당시 공화당 의장이자 박 후보 선거 사무장이라는 중책을 맡고 있던 윤치영이 광주에서 이런 말을 한다. "썩은 인간들이 정권을 다시 쥔다면 혁명이 또 일어날 것이다." 윤보선 후보나 허정 후보가 대통령에 당선되면 쿠데타를 다시 일으키겠다는 얘기다. 그렇게 되면 "내가 앞장을 서서라도 혁명을 하겠다"는 주장이었다. 그러면서 윤치영은 부연 설명까지 한다. "썩은 정치인이란 (박정희의 민정 불참과 군의 중립화 등을 수락한) 2·27 선서에 참가했던 모든 정치인을 말한 것이다." 다른 사람이라면 혹시 몰라도 윤치영이 이런 얘기를 했다는 건 낯간지러운 일이다. 똥 묻은 개가 겨 묻은 개 나무란다는 우리 속담이 생각난다. 윤치영은 그러고 나서 "일국의 장성으로 국가의 기밀을 누설한 김재춘, 송요찬을 국민의 이름으로 총살해야 한다"고 말했다. 김재춘이 자기 회고에서 분노하더라. 사건이 막 커지니까 박 후보는 윤치영한테 지방 유세를 그만하고 즉각 귀경하라고 지시하고 당에서는 막 변명하는 것을 볼 수가 있다.[*]

—— 야당 후보가 난립했는데, 그런 구도에서는 야권이 승리를 기대하기 어렵지 않았나.

10월 2일, 허정이 대선 후보에서 사퇴했다. 10월 7일엔 옥중에서 송요찬이 사퇴했다. 박정희 대 윤보선 양자 대결 구도가 된 것이다. 그러면서 아주 강경 분위기 쪽으로 가버린다. 10월 9일 안동에서 윤보선 후보는 "공화당은 공산당의 돈을 가지고 공산당의 간첩이 와서 공산당식으로 조직한 정당이다", 이렇게 주장했다. 너무 지나친 소리를 한 것이다. 이렇게까지 막 열을 냈다.

그런데 사상 논쟁에서 윤보선 후보 쪽한테 결정타를 먹인 발언이 나오고 말았다. 이것도 2류, 3류 급밖에 안 되는 찬조 연사가 그다음 날인 10월 10일에 해버린 것이다. 김사만이 영주에서 윤보선 쪽 찬조 연설자로 나섰는데 "부산과 대구는 빨갱이가 많은 곳", "김일성을 보면 만세 부를 사람이 많다"고 해버렸다. 아주 무시무시한 소리다. 지금 인민군이 쳐들어오면 이 지역 사람들은 쌍수를 들고 환영할 것이라고 해버린 것이다. 이걸 해방 후 좌익이 강했던 경

---

[*] 초대 내무부 장관으로서 이승만의 측근이었던 윤치영은 박정희 정권 때는 박정희와 밀착했다. 3선 개헌에 앞장섰고 유신 쿠데타도 적극 지지한다. 3선 개헌 한 해 전인 1968년 "단군 할아버지 이래 위대한 지도자이신 박정희 대통령"이라고 한껏 치켜세우는 등 낯뜨거운 발언을 많이 남겼다. 이 때문에 야권에서는 윤치영이야말로 단군 이래 아첨꾼이라고 조롱하기도 했다. 한편 윤치영과 윤보선은 한집안 식구다. 윤치영이 윤보선의 삼촌인데, 나이는 조카 윤보선보다 한 살 어렸다.

상도나 전남 사람들은 어떻게 생각했겠나. 바로 서울 민정당사 습격 사건이 일어났다. 이 발언 때문에 민정당은 국민한테 사과하고 그랬다. 너무나 잘못된 발언을 해버린 것이다.•

윤보선 측의 마지막 승부수, 동아일보 호외

— 김사만은 대선 패배 후인 10월 20일 민정당에서 제명된다. 김사만의 망언이 찬물을 끼얹은 상황에서 윤보선 측은 어떤 승부수를 던졌나.

이걸 만회하기라고 할 것처럼 선거 이틀 전인 10월 13일엔 동아일보 호외가 나와버렸다. 좌익 사건에 박정희가 관련됐다는 내용이었는데 이 호외에는 아주 구체적인 사실이 열거돼 있었다. 1949년 2월 17일 자 경향신문, 2월 18일 자 서울신문에 난 것을 동아일보 호외에서 요약한 것이다. 박정희에 대한 군사 재판 관련 내용이었는데 박정희 재판 당시의 군 수뇌부, 박정희 재판의 법관 구성, 박정희의 임무 등이 담겨 있었다. 그런데 이 경향신문 보도에, 재판과 관련해 남로당 프락치란 말은 안 들어가 있었던 모양이다. 하여튼 재판 당시 상황을 썼고, 그러면서 박정희에게 무기 징역이 언도

• 김사만은 1961년 5월 13일에 치러진 국회의원 보궐 선거에서 당선됐다. 그러나 5·16쿠데타 직후 국회가 해산되면서 김사만이 당선의 기쁨을 누린 건 이틀에 불과했다. 이 때문에 '48시간 국회의원'이라고 불리기도 한다. '48시간 국회의원'은 5명인데, 그중 한 사람이 훗날 대통령이 되는 김대중이다.

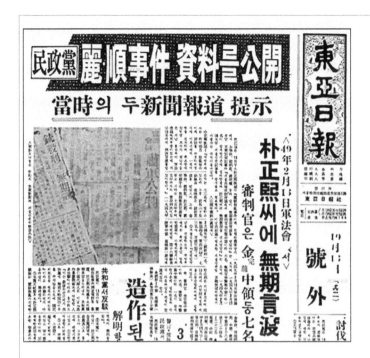

동아일보 1963년 10월 13일 자 호외. 좌익 사건에 박정희가 관련됐다는 내용이었는데 이 호외에는 아주 구체적인 사실이 열거돼 있었다.

됐다고까지 써 놨다. 이건 당시 신문에 난 내용이니 부정하기가 정말 힘들었다.

　그런데 그 호외 바로 아래에 민주공화당 반박문도 실어줬다. '이건 조작된 인신공격이다'라고 하면서 '박정희는 재판 받은 일도 없고 관제 공산당원으로 몰린 사실이 있을 뿐이다', 이렇게 주장했다. 이런 주장은 그 이전에도 써먹은 바 있었다. 이승만 정권 당시 김구 암살범 안두희 재판 때 재판장이었고 헌병 총사령관을 했던 원용덕이 여기서 적지 않은 역할을 했다. 참 치사한 행적이 많았는데, 김성주(1952년 대선 당시 조봉암 후보의 선거 사무차장) 고문 사건으로 중형을 선고받았다가 박정희 군부 정권에 의해 석방된 자였다. 10월 4일 원용덕은 박정희가 군 내부에서 공산분자들과 접촉했다는 죄목으로 15년 구형을 받은 건 사실이나 곧 무사하게 됐고, 박정희를 여순 반란 사건 관련자로 본 사람은 김창룡이었으며, 김창룡에 의해 박정희뿐만 아니라 수많은 장교들이 화를 입었다고 말했다.

워낙 막판이니까 사람들이 판단할 시간도 없었지만, 동아일보 호외는 누구도 부인하기 어려운 기사였다. 박정희 쪽으로선 난처하기 그지없는 자료가 공개된 것이나. 동아일보는 이 호외를 200만 부나 찍었다고 한다. 동아일보가 판세를 엎으려고 엄청나게 찍은 모양인데, 총칼로 권력을 움켜쥔 세력이 가만있을 리 만무했다. 이 호외의 대부분을 모처에서 탈취해버렸다. 당시엔 열차를 타고 지방에 가야 했는데, 기차역에서 대부분 탈취했다고 한다. 그러니 이걸 본 사람이 얼마나 되겠느냐는 얘기를 하고 그런다.°

— 격렬한 사상 논쟁 와중에 박정희는 연좌제 폐지 공약을 내걸었다. 박정희가 이런 이야기를 했다는 건 어떻게 보면 신기한 일이라는 생각이 든다. 박정희는 왜 이것을 공약한 것인가.

선거를 며칠 앞두고 박정희는 사상 논쟁과 관련해 반가운 소리를 했다. 이때 연좌제 문제도 거론하고 그랬다. 현재 사상이 온건한 자의 과거는 일체 불문에 부치고 연좌적 신원 조사 제도를 지양하며 극좌 분자를 제외한 모든 정치범을 석방하고 정치활동정화법

° 1963년 10월 14일 자 동아일보에는 '본보 호외 각지서 피탈·도난'이라는 기사가 실렸다. 전국 곳곳에서 군복 차림의 괴한들에게 호외를 강탈당하고 여러 기차역에서 수천 부씩 도난당했다는 내용이다.

에 묶여 있는 구정치인도 이를 해제한다는 내용이었다. 극좌 분자를 이야기한 대목은 혁신계 정치범을 가리키는 것 같다. 선거 전날인 10월 14일에도 연좌적 신원 조사 제도를 지양하고 본인 중심, 인물 본위의 인사 정책을 펴겠다고 밝혔다.

물론 실행은 안 했다. 연좌제는 박정희 정권 때 엄연히, 그것도 1970년대까지 살아 있었다. 법적으로 없어지는 건 전두환 정권 때다. 그리고 극좌 분자를 제외한 모든 정치범을 석방했나? 안 그랬다. 정치활동정화법에 묶여 있는 구정치인을 해제했나? 여전히 여러 사람이 묶여 있었다. 어쨌든 코앞에 다가온 선거를 생각하면서 이걸 얘기한 것이다. 실행할 의사가 전혀 없으면서 표를 얻기 위해 이런 주장을 한 것이다. 그렇게 해서 10월 15일 선거로 가게 된다.

박정희는 민족주의자인가
대륙 침략한 일본 우익이 친한파?

민정 이양, 열두 번째 마당

김 덕 련 1963년 대선에서 박정희는 가까스로 윤보선을 눌렀다. 이 선거에서 박정희가 승리한 원인에 대해 그간 적잖은 연구가 이뤄졌다. 이와 관련, 도시에서는 윤보선이 전반적으로 승리했지만 일부 지식층은 민족주의를 강조하는 박정희에게 호감을 보였다는 시각도 있다. 어떻게 보나.

서 중 석 이 선거에 대해 여러 면에서 평가하고 있는데, 하나하나 짚어보자. 잘못 알려진 것도 많다. 도시에서는 윤보선이 전반적으로 승리했지만 일부 지식층은 박정희의 민족주의 강조에 호감을 보였다는 시각도 있다고 물었는데, 이 부분은 박정희를 평가하는 데 아주 중요하고 논쟁거리가 많은 문제이기 때문에 여기서 짚고 넘어갈 필요가 있다.

선거에 크게 영향을 주진 않았지만 이 선거에서 일부 지식인이 박정희를 민족주의자로 보게 됐다고 볼 수 있다. 그리고 박정희 전집, 연설문 선집 같은 걸 읽어보면 자주, 민족 이런 말이 매우 자주 등장하는 걸 볼 수 있다. 그래서 일부 정치학자들은 박정희를 민족주의자라고 보고 있다. 이 선거에서 윤보선을 사대주의자로 부각한 게 표에는 큰 영향을 안 줬다고 하더라도 일부 지식인들에게 영향을 끼친 건 인정할 수 있겠다. 그런데 이런 문제들을 좀 깊이 살펴볼 필요가 있다.

박정희가 윤보선을 사대주의자로 모는데, 예컨대 군정 4년 연장 이야기가 나왔던 1963년 3·16 성명 후 윤보선이 시청 앞에서 데모한 걸 가지고 얘기하는 것 아닌가. 이걸 이 선거 이후에도 계속 써먹는다. 그런데 여기서 박정희의 패턴을 하나 볼 수 있다. 18년간 계속 그런 패턴을 보인다고 난 생각한다. 윤보선이나 허정이 산

1963년 12월 17일 중앙청 광장에서 열린 제5대 대통령 취임식. 사진 출처: e영상역사관

보('산책 데모')라는 것을 하면서 주장했던 것은 '군정을 연장하려는 박정희를 지지해선 안 된다. 한국 민주주의를 위해선 박정희를 군으로 돌아가게 해야 한다', 다시 말해 1963년 2·18 민정 불참 성명, 2·27 선서에 충실하게 해야 한다는 걸 미국에 요구한 것이라고 볼 수 있다. 국민한테도 그렇게 해야 한다는 뜻으로 시위를 한 것이다.

그러니까 '박정희가 탄압하는 민주주의, 인권에 관심을 가져라', 이렇게 미국에 촉구하는 것을 박정희는 계속 사대라고 부른 것이다. 김영삼이 10·26 직전에 '미국은 박 대통령 지지를 철회해야 한다'고 얘기한 것에 대해서도 박정희 쪽에서 아주 심하게 몰아세우지 않나. 김영삼을 사대주의자로 몰았다. 김영삼을 의원직에서 제명할 때도, 읽어보면 그렇다. 18년간 나타나는 패턴으로 보이는데 이것을 어떻게 이해해야 하는가. 박정희는 민주주의나 인권은 서양 사람이 주장한 것이기 때문에 이런 주장을 하는 사람들을 사대주의자들이라고 생각했는지 모르지만, 연구자들은 거리를 두고 박정희의 주장을 학문적으로, 비판적으로 검토해야 한다. 이승만도 그러했지만 박정희는 자신을 반대하는 세력이나 야당을 한국인의 의식 속에 부정적으로 자리 잡고 있는 용어들을 가지고 몰아붙이는 면을 보여줬다는 점도 함께 생각해볼 필요가 있다.

박정희=민족주의자?
장면·윤보선보다 훨씬 더 친미 반공에 충실했다

— 역대 대통령 중 박정희는 이승만과 더불어 미국에 당당했다는 주장도 있다. 이런 주장, 어떻게 평가하나.

이 점과 관련해 나는 박정희가 윤보선 등 야당을 사대주의자라고 공격하고 자신을 자주적인 사람, 민족 이념을 가진 이로 자주 언급해 민족주의자라는 인상을 주는 건 역사의 아이러니가 아닌가 하는 생각을 많이 한다. 중요한 것은 그 사람의 정책이 어떠했는가, 그 사람이 어떻게 행동했느냐 하는 것이다. 나는 박정희가 윤보선이나 장면보다 행동으로 훨씬 더 친미 반공주의자라는 걸 보여주지 않았는가 하는 생각을 한다. 한국 민족주의의 핵심 중에서 핵심은 통일이고 분단 극복이다. 그런데 박정희처럼 통일 논의를 억압하고 분단 고착화 정책에 철저했던 사람을 찾기도 어렵다. 그뿐 아니라, 특히 유신 체제에서 심했지만, 분단을 권력 유지·강화에 극단적으로 이용했다. 그래서 분단 체제라고 부를 만한 현상이 박정희 집권

18년에 나타났다고 지적하기도 한다.

혁신계를 탄압하고 철저히 배제한 것만 보더라도 그렇다. 윤보선이나 장면은 엄두도 못 냈다. 혁신계를 미워한 건 사실이고, 제거했으면 좋겠다고 생각했는지도 모르지만 그래도 이 사람들은 그렇게 하더라도 민주주의, 합법적 방법을 가지고 해야 한다고 봤다. 그래서 장면 정권이 민족일보 같은 것에 대해 했던 것처럼 혁신계에 대한 약간의 압력은 있었지만, 그 이상을 하진 않았다. 그렇게 하려는 생각을 갖지도 못했다. 그런데 알다시피 혁신계는 4월혁명이 열어놓은 공간에서 외세로부터 자주와 민족을 내세우고 통일 운동을 폈는데, 5·16쿠데타 세력이 이걸 무자비하게 제거했다. 그렇게 함으로써 미국이 박정희를 신임하게 하는 데 큰 영향을 끼치지 않았나.

— 이 무렵 미군 범죄 문제가 부각되면서 논란이 됐다. 그러한 사건이 연이어 발생하자 대학생들이 들고일어났다. 5·16쿠데타 후 1년여 만에 처음으로 벌어진 시위였다. 이 문제는 민족과 자주를 이야기한 박정희 세력을 시험대에 올려놓지 않았나.

박정희 쿠데타 정권 때 일어난 일인데, 1962년 1월 파주 임진강 북쪽에서 미군이 나무꾼 2명을 사살했다. 카빈총도 아닌 엽총으로 한국인을 사살했다. 5월엔 기지촌 여성이 윤간을 당하고 머리를 깎였다. 이런 인권 유린 사태가 연달아 그 시기에 일어났다. 그야말로 자주성 문제를 시험할 수 있는 사건이었다.*

6월 6일 고려대 학생 수천 명이 자신들은 반미, 반정부가 아니라고 하면서 시위를 했다. 반미, 반정부면 큰일 나기 때문이었다. 그 시위에서 한미행정협정을 체결하라고 요구했다. 그러면서 16명이 구속됐다. 이틀 후인 6월 8일, 서울대에서도 1,000여 명이 결의문을 낭독하고 시위를 했다. 결의문을 보면 "우리는 주권국의 정당한 권리를 끝까지 사수한다"고 돼 있다. 선언문은 "대한민국은 주권 국가다"로 시작하고 있다. 한마디로 군사 정권이 주권 국가로서 정당한 권리를 행사하고 있느냐를 꼬집은 것이다. 6월 9일엔 대구대에서도 시위가 일어나고 그랬다.

군사 정권에서는 이런 시위가 외국인의 투자 의욕을 떨어뜨려 한국의 국가 이익을 포기하는 행위라고 반박했다. 그러면서 6월 14일에 김낙중을 주모자로 한 학생 간첩단 6명을 검거했다고 발표한다. 이들이 학생 시위에 영향을 끼쳤다는 것이다. 김낙중은 서울대도 다니고 고려대도 다니고 통일을 위해 북한에도 갔다 왔는데, 북에 갔다 온 것을 구실로 북한이 이들한테 방송 같은 걸 통해 지령을 내렸다고 주장했다. 미제 만행을 폭로하는 반미 시위를 일으키라고 해서 그렇게 했다는 것이다. 또 서울대에서 시위가 있은 후 서울대 부근에 바로 불온 '삐라'가 돌았다. '양키의 야수적인 만행을 배격한다' 등 강경한 내용이 들어 있었다. 김낙중은 굉장한 고문을 당했고 처음엔 사형이 구형됐다.°° 나중에 상당히 시일이 지난 다음에 형이 대폭 줄긴 했다.

• 파주 나무꾼 피살 사건은 이 시기를 대표하는 미군 범죄 중 하나로 꼽힌다. 1962년 1월 6일 미군은 땔감을 구하러 온 주민들에게 총격을 가했다. 1명이 그 자리에서 세상을 떠나고, 중상을 입은 다른 1명도 치료 중 사망했다. 미군 당국은 비무장지대에 들어온 나무꾼들이 정지 명령을 어기고 도망가다가 사살됐다고 발표했다. 미군 발표는 사실과 달랐다. 사건 발생 지역은 비무장지대가 아니었고, 미군은 군용 무기가 아니라 엽총으로 사냥하듯이 사격했으며, 한 피해자는 옷이 벗겨진 상태에서 여러 발을 맞은 사실이 2월에 드러났다. 그러나 미군은 배상금 지불 요구도 받아들이지 않았다.
•• 1962년 11월 7일, 서울 지구 보통군법회의는 사형이 구형된 김낙중에게 무기 징역을 선고했다.

그 당시 대학생들은 이런 사태를 보고 '반미 시위로 보이면 이렇게 엄청난 보복을 당하는 것이구나'라고 여겼다. 1962년 시위에 참여한 이 사람들이 1964년 서울대 문리대 시위도 주도했는데 이렇게 얘기하더라. "한일 회담 반대 시위 같은 걸 할 때엔 상당히 신중했다." 미국 문제를 당연히 건드려야 하는 것 아닌가. 한일 회담 문제에 미국이 깊이 개입했다는 건 누구나 알 수 있는 것 아니었나. 그런데도 박정희 정권의 탄압이 두려워 민족 자주 문제나 미국 간섭에 대해 제대로 발언을 못했다고 하더라.

대륙 침략한 일본 우익은 친한파, 한국 독재 비판하면 반한파?

— 이승만 집권기는 물론 박정희 정권 때도 미국 비판은 금기로 여겨졌다. 이런 분위기는 1980년 광주항쟁을 거치면서 바뀐다. 이러한 미국 문제와 더불어, 자주 및 민족 문제에 관한 태도를 짚을 때 빠뜨릴 수 없는 것이 일본 문제 아닌가.

민족 자주 문제만이 아니다. 박정희 정권의 다른 측면을 보면, 예컨대 노동 운동을 보더라도 '노사가 평등해야 한다. 사용자에게 종속되지 않고 어느 정도 노동자들이 자주성을 가지고 노사 협의를 해야 한다', 이런 것들도 아주 강하게 탄압하는 것을 볼 수 있다. 5·16쿠데타 후에도 그렇고 1970년대에도 이런 사건이 많이 일어난다. 박정희 정권은 어떤 단체든, 예컨대 교사 단체건 경제 단체건 다른 사회 단체건 권력으로부터 자주성, 자율성을 갖는 것을 용납하지 않았다. 오로지 박정희 정권을 추종하고 그 명령에 따르는 것만 인정했다.

우리나라에서 자주, 민족 문제가 나올 때 가장 반대편에 서 있는 것은 누가 봐도 친일파다. 그런데 박정희 정권이 한 번이라도 친일파 문제를 제기한 적이 있나? 박정희 자신의 얘기이기도 할 테니까 안 했겠지만, 그래도 1962년에 나온 박정희 책《우리 민족의 나갈 길》에선 내 생각엔 독립 운동을 충분히 언급해줘야 하는 것이고 그 반대편에 있는 친일파도 언급했어야 한다고 본다. 그런데 친일파 문제는 그냥 넘어갔고, 독립 운동의 경우 제대로 다루지 않고 몇 마디로 언급하는 선에서 그쳤다. 장면 정부를 하나의 장으로 설정해 중상·비방에 가까운 비난을 하는 등 우리 역사를 그렇게 많이 이야기하고 있는데도 그랬다. 이승만을 직접 비판하는 이야기도 별로 안 하지만, 어쨌건 대단히 놀라운 현상이 그 책에서 많이 보인다.

── 박정희 세력이 이른바 대동아공영권을 꿈꿨던 일본 우익과 친밀하게 지낸 것도 그러한 모습과 이어져 있다고 볼 수밖에 없는 것 아닌가.

통일과 분단 극복 문제 다음으로 한국 민족주의는 일본 문제와 연결돼 있다. 그런데 박정희 정권처럼 일본에 경사된 정권은 지금까지 없었다. 그것도 군국주의 침략자들과 긴밀한 관계를 맺고 있었다.

자주나 민족은 전 세계적으로 볼 때는 제국주의·식민주의 비판과 연결돼 있다. 제국주의·식민주의를 비판하는 것이 다 민족주의는 아니지만 민족주의가 중심인 것도 사실이다. 그런데 제국주의 · 식민주의를 비판하고 반대하는 것을 투옥 등으로 금지한다면 그 세력을 민족주의자로 이해하기가 어려운 것 아닌가. 또 자주나 민족이 우리 근현대사에선 일본, 미국과 연관되는 게 가장 크고 많다. 그런데 일본과 관련해 박정희 정권 18년간 친한파, 반한파가 어떻게 사용됐나? 이것도 자주 문제와 관련해 검토해야 한다.

친한파라는 게 아베 신조의 외할아버지인 기시 노부스케를 비롯해 대륙 침략에 앞장섰던 그자들이다. 이들은 5·16쿠데타 직후부터 박정희 정권을 적극 지원하고 관련을 맺는다. 마지막 유신 대통령 취임식이 열린 1978년 12월에도 기시 노부스케 등 12명만 참석한다.[*] 이 사람들은 침략에 앞장선 군국주의자임과 동시에 1950~1970년대에 한국이 경제적, 군사적, 정치적으로 일본의 이해관계에 따르게 하려고, 다시 말해 한국을 종속시키려고 끝없이 시도하지 않았나. 그러면 이게 반한파가 돼야 하는데, 그게 아니라 박정희 정권에서는 이 사람들이 친한파로 분류됐다.

이와 달리 한국의 인권, 민주주의에 대해 계속 발언하고 김대중 납치 사건에 대해 항의하고 구속된 김지하를 석방하라고 요구하고, 그러면서 일본의 한국 침략, 식민 지배를 반성해야 한다고 역설한 사람들을 반한파라고 했다. 양심에 따라 상식적으로, 통상적으로 생각하면 이게 친한파 아닌가?

그런데 박정희 의장은 만주군관학교 교장이었던 사람(나구모 신이치로 예비역 중장)에게까지 깊은 관심을 보여줬다. 1961년 미국을 방

---

[*] 이때 어떤 나라에서도 공식 축하 사절을 보내지 않았다. 기시 노부스케 일행도 일본의 공식 사절단은 아니었다.

문하기 전 일본에 잠깐 들렀을 때 나구모 신이치로를 일부러 연락해서 만나 일본식으로 아주 깍듯이 예의를 차렸다. 이건 많은 국민을 굉장히 당혹스럽게 하는 행위다.

일본 A급 전범들에게
훈장 안겨준 박정희

— 박정희 대통령은 자신의 집권기에 기시 노부스케를 비롯한 A급 전범들에게 훈장을 수여했다. 2013년 10월 이 사실이 드러나 커다란 논란이 됐지만, 박근혜 정부는 과거 정부에서 적법하게 결정한 것이기 때문에 서훈을 취소하기는 어렵다고 밝혔다. 여러 가지를 생각하게 하는 대목이다.

한일 회담을 보더라도 참으로 역사의 아이러니를 느끼게 되는데, 박정희 정권이 굴욕적 저자세라는 비판을 얼마나 많이 받았나. 학생들은 박정희의 '민족적 민주주의'를 반민족적 비민주주의라고 규탄하며 장례식을 치르고 그랬다. '민족적 민주주의'도 정체가 안갯속에 있는 건데 나중에 '이건 유신 정권이 내세운 한국적 민주주의와 같은 것 아니냐', 그렇게 이해되는 측면이 있다. 그 반면 한일협정 비준 때 제일 반대편에서 강경파로서 야당 의원들을 이끈 것은 윤보선이었다. 아주 강경했다. 나중에 윤보선은 의원직도 사임하지 않나.

베트남 문제만 봐도 그렇다. 박정희는 "자유세계를 지키기 위해서"라는 말을 남부 베트남 정권의 패배가 결정적인 순간에 들어

1977년 9월 29일 청와대에서 악수하는 박정희 대통령과 기시 노부스케 전 일본 총리. 기시 노부스케는 이때 한일협력위원회 일본 측 회장 자격으로 한국을 찾았다.

가기 전까지 몇 년간 거듭 강조·역설했다. 1964~1965년경부터 베트남 문제가 이제 완전히 끝나간다고 이야기되던 1972년 사이에 나온 연설문 같은 걸 읽어보면 "자유세계를 지키기 위해서"라는 진영 논리를 쉬지 않고 펴더라. 그야말로 한국 역사상 미국과 이 시기에 밀월 관계가 가장 잘 나타난다고 할 정도로 친미적이었다. 미국이 요구하는 대로 무려 5만 명이나 파병했다. 이 시기에 자주성을 가지고 베트남 파병을 반대 또는 비판하거나 소수만 파견한 나라들이 있었다. 그리고 이 베트남 파병을 가장 비판한 건 다 알다시피 윤보선, 장준하다.

— 이승만 정권의 반일 정책을 반공 노선과 별개로 생각하기 어려운 것과 마찬가지로, 박정희 정권이 이야기한 민족, 자주 역시 통상적인 의미와는 다른 뜻을 지녔다고 볼 수밖에 없는 것 아닌가.

1963년 첫 번째 선거 유세 포문을 열 때 박정희가 '5·16 직전 남북 협상론이 횡행할 때 너희는 뭐했느냐. 그러니까 가식적 자유 민주주의자라는 것이다', 이런 식으로 윤보선을 치는 것을 볼 수 있다. 그런데 박정희의 연설문, 성명서, 담화문 같은 것들을 쭉 훑어보면, 박정희의 자주와 민족은 일본과 미국을 향해 있는 게 아니다. 문맥을 자세히 보면 반공·반북 정책과 맥을 같이하는 게 아주 많이 나온다. 이건 유신 체제에서 특히 심하다.

'북한이나 공산주의자들이 대단히 비자주적이다. 민족을 배반한 자들이다', 이런 걸 이승만 대통령도 많이 얘기했지만 박정희 정권 역시 1960년대에도, 유신 체제에서도 모든 매체를 이용하고 동원해 쉬지 않고 얘기한다. 이런 것을 민족주의로 이해한다면 그것은 이상한 민족주의가 아닐까? 북한이나 북한 공산주의자들이 괴뢰이고 비자주적이고 반민족적이라는 주장도 여러 가지로 생각해봐야 한다.

여기서 나는 칠레의 아우구스토 피노체트를 비롯한 중남미 군부 독재자들이 '반공을 외치는 게 자주다'라는 식으로 들고나오고, 사회주의자나 진보 세력을 '외부와 결탁한 세력'이라고 비방하면서 몰아세우고 구속하고 처형한 사례들이 떠오른다. 이런 글들을 볼 때 그런 점도 좀 생각나더라. 종속론을 연구한 몇몇 학자들이 '이런 중남미의 친미 반공 종속형 파시즘과 박정희의 파시즘이 비슷한 점이 있다'고 지적했다. 나는 여기엔 수긍할 점이 있지 않은가라는 생각을 한다.

왜 박정희는 서울에서 완패했나
밀가루·관권이 만든 15만 표 차이

민정 이양, 열세 번째 마당

김 덕 련 사상 논쟁은 1963년 대선 결과에 어떤 영향을 끼쳤나. 해방 후 좌익세가 강했거나 1956년 대선에서 조봉암 지지표가 많이 나온 곳에서는 윤보선보다 박정희에게 호감을 보이는 경우가 많았다는 지적도 있다.

서 중 석 '조봉암 지지표가 많았던 지역에서 박정희 표가 많이 나왔다', 이런 얘기는 김형욱 회고록에도 나오고 어떤 정치학자가 연구 논문을 내기도 했다. 이 부분엔 더 생각해야 할 게 있다.

1956년 대선 결과를 보면 경상남북도에서 조봉암을 지지한 게 많은 지역도 있지만 표가 적게 나온 지역도 있다. 이건 뭘 얘기하느냐 하면, 여러 다른 요인도 있을 터인데, 그때 개표가 정말 지독한 부정 개표였다는 것이다. 부정 개표를 심하게 한 지역과 그렇지 않은 지역 간에 차이가 있었다. 말하자면 덜 부정하게 한 데가 있고 아주 심하게 한 데가 있었다. 이런 건 1960년에 내무부 장관으로서 3·15 부정 선거에 앞장섰던 최인규의 옥중 자서전에도 잘 나오지 않나. 이런 걸 감안해야 하는데 감안이 잘 안 됐다. 그런 점을 하나 생각할 필요가 있다.

그다음에 경상도하고 전라남도는 해방 직후 좌익이 제일 센 곳이었다. 브루스 커밍스 연구만이 아니라 어느 논문을 보더라도 그렇다. 그에 비해 중부 지방은 보수 세력이 센 곳이었다. 충청도도 그렇지만 서울, 경기 지역이 그런 곳이었다. 그렇기 때문에 색깔 논쟁 같은 게 있으면 어떻게 되겠나. 전쟁이 났을 때 보도연맹원 학살이 전국적으로 자행됐지만, 대구에서 부산에 이르는 좁은 지역과 그 외곽 지역에서도 군경에 의해 보도연맹원 학살이 많이 일어났다. 그런데 여기는 국군이 장악한 지역이거나 인민군이 잠깐밖에 점령하지 못한 지역이었기 때문에 좌익에 의한 학살 같은 건 적게 일어났다. 이 점이 중요하다.

4월혁명 이후 제일 많이 들고일어나고 유족회가 가장 많이 만들어지는 것이 경상도 지역이다. 그러니 색깔 논쟁이 날 때도 제일 크게 반발할 수 있는 것이 이 지역이었다는 생각을 해볼 수 있다. 문제는 전라도에서 박정희 표가 많이 나왔는데 그 이유가 무엇이냐 하는 것이다.

—— 전반적으로 볼 때 사상 논쟁은 어느 쪽에 유리하게 작용했나.

미국 측 자료나 그 당시 신문 등 여러 자료를 보면, 사상 논쟁이 일어나 박정희가 여순사건과 관련이 있다고 야당이 주장했을 때부터 민주공화당 측은 당황하고 '이거 큰일 났다'는 분위기였다. 민주공화당에 아주 불리한 악재였다. 더구나 박정희가 여순사건 후 재판을 받았고 무기형이 언도됐다고 폭로한 1963년 10월 13일 동아일보 호외를 봤을 때 사실 민주공화당은 망연자실했다. '이건 이제 끝난 것 아니냐'고 생각할 정도였다. 그러면서도 그건 사실이 아니라고 억지소리를 해댄 것이다.

그런데 대부분의 호외를 모 기관에 의해 강제로 빼앗겼을 뿐만 아니라 시점이 너무 늦었다. 15일이 선거일이었으니, 그런 내용이 전파될 시간이 너무 짧았다. 동아일보 측은 중앙정보부에서 시비 걸기도 어려운 때를 택하고 막판에 결정타를 날리겠다는 의도에서 그렇게 했겠지만, 좀 더 빨리 나왔어야 했고 차라리 중앙정보부와 한판 붙는 것이 더 유리할 수 있었다. 지금처럼 인터넷, 휴대폰 등 정보 전달 수단이 발달했더라면 선거에 큰 영향을 끼칠 수 있었

대한일보사 제5대 대통령 선거 개표 속보판.
사진 출처: 국가기록원

을 것이다.

사상 논쟁은 선거 분위기를 열띠게 하는 데 큰 영향을 줬다. 선거 초반전에는 유권자들의 반응이 없어 선거 분위기가 착 가라앉아 있었는데, 사상 논쟁이 시작되면서 사람들이 선거에 관심을 갖기 시작했다. 유세장 인파도 이것을 입증한다. 사상 논쟁이 시작된 1963년 9월 24일 윤보선의 전주 유세에 2만 명 정도가, 다음 날 대전 유세에는 2만 5,000여 명이 모였는데 당시 인구로 볼 때 적은 인파가 아니었다. 10월 6일 윤보선의 서울 유세에는 10만 인파가 몰렸는데, 7년 전인 1956년 정부통령 선거 때처럼 뜨겁지는 않았지만 열기가 상당했다.

그리고 9월 말까지만 보더라도 윤보선이나 허정이 얘기한 것에 그렇게 지나친 공격은 없었다. 다만 박정희의 과거를 잘 몰랐던 것이다. 박정희가 이질적 사상을 갖고 있다고 하면서, 애매하긴 하지만 '당신이 이런 사건에 관련된 것 아니냐'라고 몰고 들어간 것은 윤보선 쪽에 유리하게 작용했다고 난 본다. 중부 지방에서 유리했을 것이다. 나중에 윤보선이 김사만 발언만 없었더라면 경상남북도에서도 앞섰을 것이라고 주장했는데, 김사만 발언은 확실히 영향이 있었다. 김사만이 "부산과 대구는 빨갱이가 많은 곳"이라는 등의 발언을 한 건 특히 경상도에 영향을 끼쳤을 것이고 전남 지방에도 얼마간 영향을 줬을 것이다.

그래서 사상 논쟁이 선거에서 양자에게 플러스로 작용했느냐 마이너스로 작용했느냐 하는 점은 판단하기가 쉽지 않다. 일부 학자들이 판단하는 것처럼 그렇게 간단하진 않다. 그러나 김사만 발언은 분명히 악재였고 이것이 경상도 및 전남에 영향을 끼친 건 확실하다는 점은 얘기할 수 있다. 연좌제를 풀겠다, 혁신계 사람들을 석방하겠다고 박정희가 발언한 것도 난 남도 지역에 영향을 줬을 것이라고 본다. 얼마나 바라던 것이었나. 그러나 박정희는 이걸 지키지 않았다.

박정희, 15만 표 차이 신승…
유달리 많았던 무효표, 95만

— 박정희는 가까스로 윤보선을 눌렀다. 사상 논쟁 이외에 이 선거에서 중요한 변수로 작용한 것으로 어떤 것들이 있나.

이 선거에서 과연 누가 이겼느냐, 박정희가 정말 승리했다고 볼 수 있느냐 하는 부분과 관련해 상당히 어렵게 하는 측면들이 있다. 당시 여론도 그런 게 있다. 사상 문제를 제외하더라도 이 선거에는 몇 가지 '우연한' 현상도 있었다.

먼저 윤보선이 서울 등 중부 지역에서 승리하고 전국적으로 많은 득표를 한 데에는 허정 후보가 사퇴한 것이 결정적이었다. 허정은 그야말로 아무런 조건 없이 대승적인 차원에서 결단을 내렸다. 허정이 사퇴하지 않았더라면 결과는 크게 다를 수 있었다.

그리고 무효표 문제가 있었다. 허정의 경우, 투표지를 보면 공란으로 취급됐다. 송요찬은 너무 늦게 사퇴해서 그렇겠지만 그 이름이 그대로 적혀 있었다. 이것이 영향을 끼쳤다. 내 제자 이병준의 석사 논문을 보면 여러 선거의 무효표 현황을 조사한 대목이 있다. 무효표가 1967년 대선에서는 전체의 5퍼센트인 58만 표, 1971년 대선에서는 4퍼센트인 49만 표, 이렇게 나오는데 1963년만 8.7퍼센트

1963년 10월 17일 자 경향신문. '도표로 본 각 후보 득표율'을 실었는데, 박정희는 43퍼센트, 윤보선은 41퍼센트를 득표했다고 나와 있다.

로 95만 표나 나왔다. 박정희와 윤보선이 15만 표 차이밖에 안 났는데, 송요찬 후보가 일찍 사퇴했다면 어떻게 됐을 것인가 하는 점을 생각해볼 수 있다.

라디오로 모든 걸 중계할 때인데 처음에는 윤보선이 계속 이겼다. 나는 잠을 빨리 자는 편이어서, 라디오에 귀를 기울이다가 밤 10시쯤 잠들었던 것 같다. 그렇지만 많은 사람이 라디오에 귀를 열심히 기울였다. 왜냐하면 윤보선이 계속 승리하더라, 이 말이다. 다음 날인 16일 3~4시 무렵까지도 이겼다고 그런다. 그래서 5·16쿠데타 주동 세력 내부에서 '이거 어떻게 할 거냐'며 심각한 논의가 있었다는 게 김형욱 회고록에 나오지 않나. 하여튼 그다음에 둘이 계속 엎치락뒤치락하다가 15만 표라는, 우리 대선 역사상 가장 근소한 차이로 끝났다. 문제는 이걸 어떻게 해석할 것인가이다.

송요찬 얘기를 했는데, 또 하나 생각할 건 정민회 후보 변영태가 끝까지 사퇴하지 않았다는 점이다. 그런데 그것에 대해 이런 얘기가 있다. 존경하고 지지한다는 편지가 전국 도처에서 변 후보한테 왔다고 한다. 그게 사퇴하지 않은 이유 중 하나라고 쓴 글이 있다. 이 '전국 도처'에서 편지를 보낸 곳이 어디겠는가. 뻔하지 않은가. 변영태 후보는 22만 표를 얻었다. 그렇게 많이 득표한 건 아니다. 40만 표를 얻으며 3위를 한 추풍회 후보 오재영보다도 훨씬 적은 표를 얻었다. 그렇지만 변 후보가 얻은 22만 표가 적은 표는 아니다. 박정희와 윤보선이 15만 표 차이밖에 안 났다는 것을 볼 때 그렇다.

삼분 폭리의 해,
선거 앞두고 영호남에 대량으로 풀린 밀가루

── 밀가루 문제가 대선에 적잖은 영향을 끼쳤다는 시각도 있다. 어떻게 평가하나.

이병준의 연구에 따르면, 밀가루 영향이 사상 논쟁보다도 컸던 것 아니냐고 볼 수 있다. 미국이 선거 기간에 구원투수로 등장한다고 예전에 황태성 사건을 설명할 때 얘기했는데, 선거에 돌입하기 직전인 8월 16일에 제4차 한미 잉여 농산물 도입 추가분 협정이 체결됐다. 이 협정이 발효해 소맥 11만 5,000톤 추가 도입이 확정됐다고 한다. 그러면서 박정희 의장 쪽에서 재량으로 쓸 수 있는 밀가루

1961년 미국에서 제공한 원조 양곡이 부산항으로 들어오고 있는 장면. 사진 출처: e영상역사관

가 21만 5,000톤이나 됐다. 대통령 선거가 막 벌어질 때 엄청난 밀가루를 확보하고 있었던 것이다.

사실은 재벌들의 삼분三粉(설탕·밀가루·시멘트) 폭리 사건, 악명 높고 우리 역사에서 뼈아픈 사건들 중 하나인 그 사건이 이때 일어났다. 이승만 정권 때도 없던 일이 이때 일어났다. 이것은 미국의 원조가 들어오기 직전에 주로 일어났던 것으로 보인다. 당시 우리나라 재벌들을 보면, 면방직을 제외하면 이 삼분 관련 산업이 제일 규모가 컸다. 밀가루 회사(제분 회사) 같은 게 아주 컸다. 제분업자가 정상적이면 10억 원 이익을 봐야 할 경우 폭리가 6억 원이나 됐고 시멘트도 포대당 150원 하던 것이 400원으로 올랐다고 한다. 그래서 동양시멘트 김성곤은 3억 원 이상의 폭리를 취했다고 돼 있다. 설탕도 한 근에 40원 하던 게 160원이나 됐다. 22만 톤이 이때 나간

걸로 돼 있으니까 약 10억 원이나 번 것이다. 얼마나 큰돈인가. 폭리를 맛본 것이다.[•]

경제가 이런 상황에서 박정희 쪽에서 밀가루를 대량으로 풀었다. 이게 선거 판도를 바꿔놓는 데 많은 영향을 끼쳤다. 전에도 얘기한 것처럼 태풍 셜리 피해, 폭우 피해가 전남에서 아주 심했고 경남도 피해가 컸다. 1963년 7~12월에 각 시도에서 정부에 보고한 월평균 구호 대상자 수를 보면 전남이 192만 명을 넘었다. 그다음으로 충남이 125만, 경북은 99만, 경남은 91만, 경기는 75만을 각각 넘은 것으로 돼 있다. 10월에 대선, 11월에 총선이 있었으니 7~12월이면 선거 시기다.

군정은 영세 농가의 보리 흉작과 이재민 상황 같은 것도 고려해 책정했다면서 경남에는 51만여 석의 식량을 풀었다. 단위는 석이라고 돼 있다. 그리고 전남 45만여 석, 경북 26만여 석, 전북 19만여 석, 이렇게 경상도와 전라도에 주로 풀었다. 반면 구호 대상자 수가 아주 많았던 충남은 16만여 석밖에 안 되고 경기는 12만여 석, 충북과 강원은 더 적어서 각각 7만여 석, 6만여 석씩만 풀었다고 돼있다. 이 부분이 선거에 상당히 큰 영향을 끼친 게 아니냐고 볼 수가 있다. 김형욱은 이 선거를 밀가루 선거라고 불렀다.

[•] 1963년 전국에서 때 아닌 삼분 사재기 열풍이 불었다. 업자들이 농간을 부려 매점매석이 횡행한 결과 웃돈을 주고도 물품을 못 구하는 품귀 현상과 가격 폭등이 연일 이어졌다. 서민들의 원성이 높을 수밖에 없었다. 삼분이 실생활과 직결되는 품목일 뿐만 아니라 1963년은 농산물 파동으로 많은 국민이 고통을 겪은 해이기 때문이다. 1964년 1월 야당 의원이 '박정희 정권이 정치 자금을 조달하기 위해 몇몇 삼분 재벌에게 특혜를 줬다'고 폭로하면서 이 문제는 정치 쟁점이 됐다. 야당은 그해 2월, 이 사건의 진상을 파헤치기 위한 특별 국정 감사 결의안을 제출했다. 그러나 민주공화당의 반대로 결의안은 폐기됐고, 숱한 의혹만 남긴 채 사건은 서둘러 봉합됐다.

낯 뜨거운 지역감정 선동 발언 등장
"신라 임금님 후손 박정희, 1000년 만의 임금님으로"

── 이 문제는 농촌에서는 박정희가, 도시에서는 윤보선이 우세했
던 것과도 관련 있어 보인다. 실제로 어떠했나.

이 선거 전체를 놓고 다시 한 번 생각해볼 필요가 있다. 서울에
서 박정희 후보가 30퍼센트를 득표했고 윤보선 후보가 65퍼센트를
얻었다. 경기도에선 박정희 33퍼센트, 윤보선 57퍼센트였다. 서울
에서 이렇게 집중적으로 많이 나온 건 아주 드문 일이다. 1971년 호
남에서 김대중 후보가 얻은 표보다 비율 면에서 상당히 높다. 무지
무지한 몰표다. 비교적 중립적이고 지식인도 많고 정치 감각이 상
대적으로 높지 않느냐는 얘기를 듣는 서울과 경기에서 이렇게 엄청
난 야당 표가 나왔다.

물론 경상남북도에서 박정희 후보 표가 많이 나왔으니까 박
후보가 15만 표 앞선 것이다. 그런데 전남에서도 박정희 표가 많이
나왔다. 박정희가 57퍼센트를 차지한 반면 윤보선은 36퍼센트밖에
차지하지 못했다. 제주도에선 박 후보가 70퍼센트, 윤 후보가 22퍼
센트였다. 이건 제주도가 레드 콤플렉스에 얼마만큼 주눅이 든 사
회였느냐는 것을 단적으로 보여주는 하나의 예例다. 숫자는 얼마 안
되어서 당락엔 영향을 못 끼쳤다.°°

> °° 박정희는 전남은 물론 전북에서도 윤보선을 앞섰다. 선거 전 예상을 뒤엎는 결과였다.
> 대선을 나흘 앞둔 1963년 10월 11일 자 동아일보는 "대체로 공화당이 경남북·강원 지구
> 에서, 민정당이 전남북·충청 지구에서 우세하며 경기 지구 및 충청 일부에서 맞먹을 것
> 이라는 견해가 일반적인 관측"이라고 보도했다.

어쨌건 다시 한 번 조사해보면 박정희는 농촌에서 50.8퍼센트를 얻었고 도시에서는 37.8퍼센트밖에 못 얻었다. 반면 윤보선은 농촌에서 39.5퍼센트, 도시에서 57.1퍼센트를 얻었다. 윤보선은 도시에서 압도적으로 더 많은 표를 얻었다. 당시 농촌은 687만 명, 도시는 321만 명으로 계산돼 있다(1967년 5월 5일 자 동아일보 자료). 도시화가 한창 진행 중일 때인데, 이 도시와 농촌의 비율은 그 당시 몇몇 자료에 나온 것과 대체로 일치한다. 하여튼 대구 등을 제외한 대부분의 도시에서 박정희보다 윤보선이 더 많은 표를 얻었다. 유권자 의식이 상대적으로 강한 지역에서 윤보선이 승리한 것이다.

이건 뭐냐 하면, 박정희가 전라도에서 얻은 표도 농촌 지역에서 집중적으로 나온 것임을 말해준다. 전라도에서 박정희 표가 많이 나온 게 이상하다고 사람들이 이야기하면서 색깔 문제와 곧잘 연결하지 않나. 전남의 경우 색깔도 영향을 끼쳤을 것이다. 그렇지만 아까 언급한 밀가루가 색깔보다 더 큰 영향을 끼치지 않았나 생각한다. 밀가루는 주로 농민들한테 간 것 아니었나.[•]

이것도 내 제자 이병준이 지적한 것인데, 전라도 특히 전라남도에서 박정희 표가 많이 나온 것에는 다른 요인도 있었다. 다 알다시피 한민당은 호남을 주요 기반으로 하고 있었다. 그런데 소선규가 민정당에서 간사장 자리를 놓고 1950년대부터 오랫동안 라이벌이었던 유진산한테 패배했다. 그러자 소선규는 김준연 등 옛날 한민당 세력과 함께 범국민 정당 쪽으로 들어갔다. 9월 3일 범국민 정당이 자유민주당으로 이름이 바뀌어 창당했을 때 소선규는 최고위

• 구호 대상 인원을 책정하는 여러 기준 중에서 가장 큰 영향을 끼친 건 '영세 농가 중 맥흉작으로 인한 이재민'이었다.

원, 김산은 전당 대회 위원장, 강재량은 중앙당무위원회 부의장, 조영규는 간사장, 민영남은 기획위원이란 요직을 차지했고 김준연은 대표 최고위원이 됐다. 게다가 민정당 대통령 후보로 거론되던 김도연(전 신민당 위원장)이 유진산의 윤보선 지지 선언으로 민정당에서 이탈, 자민당에 들어와 김준연에 이어 대표 최고위원이 됐다. 이로써 한민당계가 자민당 상층부를 장악했다. 다시 말하면 한민당 최대의 근거지인 전라도가 윤보선 표밭이 되기가 어렵게 된 것이다. 곧이어 치러진 국회의원 선거에서 김준연, 민영남, 그리고 자유당 출신인 정명섭이 전남에서 자민당 의원으로 당선된 것을 보더라도 자민당의 영향력을 짐작할 수 있다. 소선규의 기반은 전북이었다.

── 한국의 선거를 멍들게 한 대표적인 요소 중 하나로 지역감정 선동이 꼽힌다. 이 문제가 두드러지는 건 경제 개발이 본격화한 후이지만, 1963년에도 지역감정을 부추기는 낯 뜨거운 일이 벌어진다. 1963년 대선을 얼룩지게 한 지역감정 선동 발언, 어떤 것이 있었나.

우리나라 선거가 대개 여당과 야당의 우세 지역이 동서로 나뉘는 동서 선거인데 이 선거는 남북 선거이기 때문에 지역감정이 약했다고 이야기할 수도 있다. 그래도 대체로 윤보선은 선조가 충청도 사람이고 선산도 거기에 있다고 돼 있지 않나. 보수적인 충청도에 윤보선이 연고가 있었던 것이 선거 결과와 관련은 있을 것이고 경상도는 또 박정희와 연고가 있는 지역 아닌가 하는 점을 생각할 수 있다. 지역감정의 영향력은 그다음 선거로 갈수록 더 커진다.

그런데 이 선거에서도 지역감정 선동이 있었다. 대구 유세에서 이효상이라는, 일반인들이 이름조차 잘 모르던 사람이 나타나서 "박정희 후보는 신라 임금님의 자랑스러운 후손이며, 이제 그를 대통령으로 뽑아 이 고장 사람으로 1,000년 만의 임금님으로 모시자"고 하니 박수갈채가 나왔다고 한다. 이 양반은 1963년뿐만 아니라 1971년 대선에서도 지역감정을 선동했다.

1963년 선거에서 박정희가 느꼈을
좌절감과 유신 체제

—— 박정희 후보는 엄청난 조직과 자금을 동원하고도 마지막까지 가슴을 졸여야 했다. 이는 박정희 후보에게 강렬한 기억으로 남았을 것으로 보인다. 어떠했나.

이 선거는 누가 이겼다고 얘기하기 어려운 면이 있다. 이런 점을 생각해볼 필요가 있다. 그 당시만 해도 관권이 작용할 수 있는 게 학자들에 따라선 5퍼센트 또는 10퍼센트 안팎으로 보고 그러더라. 각종 정부 기관을 제외하더라도 통·리·반장 숫자만 이 시기에 20여만 명이라고 앞에서 이야기하지 않았나. 그에 더해 농협, 농지개량조합, 어촌계, 산림계, 국영 기업체 등 관권이 영향을 끼칠

이효상은 1971년 대선에서 "경상도 대통령을 뽑지 않으면 우리 영남인은 개밥에 도토리 신세가 된다", "경상도 사람으로서 경상도 정권 후보에게 표를 찍지 않을 사람이 어디 있겠느냐"라며 노골적으로 지역감정을 부추겼다. 이효상은 1969년 3선 개헌안 날치기 통과 당시 국회의장이기도 하다. 이효상은 의사봉이 아니라 주전자 뚜껑으로 3선 개헌안을 통과시켰다.

수 있는 부분이 아주 많았다. 그런데 박정희 470만 2,640표, 윤보선 454만 6,614표로 15만여 표 차이였지 않나. 또 박정희 쪽이 조직과 자금에서 압도적으로 유리했다. 그런 점까지 생각해볼 때 진짜 승자가 누구냐고 보기가 더더욱 어려운 부분이 있다.

이 선거에서 박정희가 실질적으로는 패배했다고 판단할 수도 있지만, 박정희 표가 나오지 않은 것이 박정희 군부 정권의 실정 때문이었다는 점은 박정희에게 가슴 아픈 일이었을 것이다. 한국일보 1963년 9월 15일 자에 실린 여론 조사 결과를 보면, 살림 형편이 '나아졌다'가 7퍼센트인 것에 비해 '더 못해졌다'가 63퍼센트나 됐다. 농사 흉작, 팽창적인 금융 정책으로 인한 물가 상승 등으로 가계가 악화된 것이다. 1963년 9월 물가를 보면, 6개월 사이에 무려 23.2퍼센트나 상승한 것으로 나와 있다.

이 선거는 박정희한테 큰 영향을 끼쳤다. 이 선거에서 박정희 후보는 말할 것도 없고 민주공화당 간부들도 얼마나 가슴이 탔겠나. 정말 아슬아슬한 맛을 본 것이다. 그렇지 않아도 박정희는 서구적 정치, 선거를 중심으로 하는 의회 정치, 정당 정치에 대해 대단히 비판적이었고 '한국 사회에 맞는 정치를 해야 한다', 이런 얘기를 하지 않았나. 그런 박정희가 이 선거를 보면서 여러 가지로 생각하는 게 있었다고 본다. 그런데 박정희 후보는 이 선거는 물론이고 그다음 선거들에서도 정말 '내가 승리했다'고 강하게 얘기하는 데 약점이 있었다.

─ 김대중과 맞붙은 1971년 대선과 달리, 윤보선이 다시 야당 후보로 나온 1967년 대선에서는 박정희가 상당한 표차로 비교적 쉽게 승리하지 않았나.

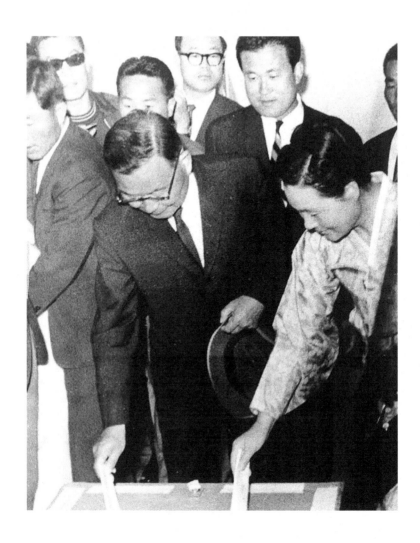

1967년 5월 3일 윤보선 전 대통령 내외가
대통령 선거 투표를 하고 있다. 이 선거에서
박정희는 윤보선을 상당히 큰 표차로 이겼다.
사진 출처: e영상역사관

민정 이양

1967년 선거에서 박정희 후보가 윤보선 후보를 상당히 큰 표 차로 이긴 것은 틀림없다. 1963년 선거에 비하면 훨씬 득표 차가 많이 난다. 그런데 1967년에는 야당이 1963년보다 훨씬 분열된 상태였다. 제1야당, 통합 야당으로 나온 그 야당(민중당)에서 당권이 옛날 민주당 신파 쪽인 박순천한테 넘어가니까 윤보선이 탈당하지 않나. 한일 회담 문제에 대해 박순천 쪽이 약하게 나오는 것에 대한 불만도 작용했다. 그러면서 그쪽하고는 사이가 아주 나빠지면서 윤보선은 독자적인 당(신한당)을 만들어버린다.

　　그런데 정작 제1야당인 민중당에선 대통령 후보로 낼 만한 사람이 없었다. 유진오를 끌어들이고 했지만 잘 안 되는데, 윤보선은 또 나오겠다고 했다. 그런 속에서 윤보선이 또 야당의 대통령 후보로 나온 것 아닌가. 1963년에도 신선한 맛이 없었지만 그때보다 신선한 맛은 훨씬 더 떨어지고 구태의연한 노인네가 나온 것이다.

　　그럼에도 동서 선거였다. 서쪽에선 전부 윤보선이 이겼다. 물론 큰 표 차이로 이기지는 못했다. 그래서 영남을 중심으로 한 동쪽에서 이긴 박정희에게 상당히 큰 표 차이로 졌다. 그렇다고 해도 서울, 경기, 충남, 전남, 전북에서 윤보선이 다 이겼다. 박정희가 그 많은 표 차이를 낸 건 경상남북도에서 낸 것이다. 이러니 박 후보 쪽이 '내가 이겼다'고 강하게 주장하기 어려운 점이 있다. 1971년 선거 이건 누가 봐도 막상막하라고 하지 않았나. 여기서 더 얘기할 필요도 없다.

---

* 1967년 1월 유진오와 윤보선이 만나 민중당과 신한당의 합당을 결정한다. 그해 2월 두 당을 통합한 신민당이 발족한다. 윤보선은 신민당 후보로 다시 대선에 나선다.

─── 박정희 대통령은 대중 앞에 나서 사람들의 마음을 사로잡고
그걸 바탕으로 정치력을 발휘하는 스타일은 아니었던 것 같다.

박정희 후보는 카리스마 같은 게 약했다. 선거에선 대중을 움직이는 힘, 이게 아주 중요하지 않나. 박정희는 목소리는 카랑카랑했지만 교사처럼 설명형적인 주장을 하고 그랬다. 대중이 원하는 것을 얘기해주기보다, 대중이 잘 알아들을 수 없는 자신의 '정치 이념'이랄까 주장을 받아들일 것을 대중에게 강요하는 측면도 있었다. 용모라든가 캐릭터에서도 카리스마적인 걸 갖기가 어려웠다. 그래서 대중의 강한 지지를 이끌어내기보다는 '나는 옳다. 그러니까 대중은 내가 끌고 가야 한다'는 생각을 강하게 갖지 않았나. 강권 정치를 해야 한다는 것이었다.

연설은 김종필이 훨씬 잘했다. 그래서 이 선거에서는 아니어도 그다음 선거에선 김종필을 아주 중요하게 쓸 수밖에 없었다. 김종필은 대중적인 제스처도 있었고 호소력, 설득력을 갖춘 뛰어난 대중 연설가였다. 대중에게 인기가 아주 좋았다. 그러니까 또 바로 김종필을 견제하고 선거 유세에서도 따돌리는 모습을 볼 수 있다.

어쨌건 박정희는 특이한 정치 이념을 갖고 있었고 권력에 대한 집착이 굉장히 강했다. 그런데 대중 정치력은 결핍돼 있었다. 이런 것과 연결돼 선거에서 느꼈을 좌절감 같은 것이 결국 유신 체제로 가게 하고 비극적인 종말을 맞이하게 하지 않았는가 하는 생각이 든다.

공화당 공천 파동

"구악 중의 구악 끌어들인 자가 누구냐"

—— 대선 한 달 후인 1963년 11월 총선이 치러진다. 총선 양상은
어떠했나.

총선에 앞서, 외유를 떠났던 김종필이 8개월 만인 10월 23일
귀국하고 바로 평당원으로 복당했다.* 야당은 국회의원 후보 등록
을 끝내기 전에, 박정희 후보가 대선 마지막에 가서 공약했던 것처
럼 정치범을 석방하고 정치활동정화법 해당자를 전면 해제하며 국
회의원 선거법을 개정할 것을 요구했다. 이때 정치범 석방 대상자
를 보면, 1960년 3·15 부정 선거 관련자는 이미 대다수가 나간 상
태였고 일부 보수계 인사를 제외하면 남은 건 대개 혁신계 인사들
이었다.

민주공화당은 10월 31일, 국회의원 후보자 제2차 공천 명단을
발표했을 때 심한 갈등에 휩싸였다. 이때 47명의 후보자를 공천하
는데 구舊자유계가 18명이나 됐다. 그중에는 자유당 말기 가장 인
상 나쁜, 아주 더러운 선거를 치른 울산 재선거 관련자, 영일을 구
부정 선거 관련자도 있었다. 자유당 후보로 나와 1958년 5·2선거와
그 이후 재선거에서 그렇게 못된 짓을 했다. 3·15 부정 선거와 비슷
한, 아주 질이 나쁜 부정 선거를 저질렀는데 그 사람들까지 포함된
것이다. 4·19로 투옥된 자유당 인사도 포함돼 있었다. 중앙당 및 지
방당 간부들은 당이 구악 세력과 결탁했다면서 공천 재조정을 요

---

* 김종필은 12월 4일 민주공화당 의장으로 올라선다.

구했다. 이건 심하다고 해서 당무 회의에서도 일부 재조정을 건의했다. 민주공화당에서 제일 중요한 게 당무 회의 아닌가. 그런데 당 최고위층에서 이를 거부했다. 그래서 많은 당원이 중앙당에 몰려가 항의하고 소란을 일으키는 일이 일어났다.●

야당은 아주 심하게 난립했다. 12개 정당이 난립했다고 이야기하는데, 장면 정권 때 대변인도 한 신상초가 한 얘기가 있다. '박정희 후보와 야당의 정강 정책은 별 차이가 없는데 야당을 분열시켜 통제하는 정책을 써서 효과를 아주 크게 봤다', 이렇게 얘기했다.

별다른 특징이 없는 선거였지만, 치열한 접전을 벌일 것이라고 본 지역구가 몇 있었다. 그중 가장 주목받은 지역이 유진산과 5·16 쿠데타 주체 세력 중 한 사람인 길재호가 맞붙을 것으로 예상된 금산 지구였다. 그러나 사람들의 기대에 어긋나게, 권모술수에 능하다는 유진산은 금산을 포기하고 민정당 전국구로 나와버렸다. 3선 의원인 야당의 조한백과 여당 실력자 중 한 사람인 장경순이 김제에서 벌인 대결도 주목을 받았다. 역시 3선 의원으로 민정당 최고위원인 신각휴는 옥천·보은에서 박정희의 처남 육인수와 경쟁해 화제를 모았다.

—— 대선을 달군 사상 논쟁이 총선에서도 벌어지지 않았나.

박정희는 후보 지원 유세에서, 12월 17일 대통령에 취임하기 이전에 정치범 석방을 실현하겠다고 또다시 약속했다. 지키지 않을

● 이때 민주공화당 내에서는 "4·19와 5·16을 유발한 구악 중의 구악을 끌어들여 공천을 준 자가 누구냐"라는 거센 반발이 터져 나왔다.

약속을 왜 연거푸 한 것인지 도무지 이해가 가지 않는다. 윤보선은 후보자 지원 유세 연설에서 "(1946년 세상을 떠난 박상희 이외에) 박(정희)씨의 다른 형 하나는 현재 북한 괴뢰 정권의 정보 관계 책임자로 활약하고 있다"고 주장했다. 잘못 알고 얘기한 건지 중상모략을 한 건지는 몰라도 이렇게 폭로도 했다. 그러면서 여순사건 문제를 또 끄집어냈다.

박정희 후보는 11월 9일 여수 유세에서 "대통령 선거 때 모 야당 후보가 나를 여순사건에 관련된 자라고 말하고 모 신문사를 매수해 삐라 수백만 매를 전국에 뿌려 나를 빨갱이로 몬 일이 있었으므로 내가 직접 이곳에서 해명하겠다"고 말하면서 "나는 그 당시 소령으로서 육사 교관으로 근무했으며 그 후 반란군 토벌을 위해 송호성 장군과 원용덕 장군 밑에서 작전 참모로 근무한 일까지 있다"고 얘기했다. 제일 중요한 핵심, 그러니까 남로당 군 프락치로서 사형 또는 무기 징역 선고를 왜 받았는가 하는 얘기는 전혀 하지 않았다. 그러니 이건 답변이 될 수 없는 것이었다. 하여튼 이런 논쟁 같은 것을 하고 그러면서 박정희가 '야당이 이렇게 나를 심하게 모략하고 인신공격을 하고 헐뜯는다'고 하는 것을 볼 수가 있다.

윤보선은 유세하면서 때로는 빈축도 샀지만, 사람들 입에 오래오래 오르내리는 말을 남겼다. 11월 13일 진해에서 "대통령 선거 때 나는 투표에서 이기고 개표로 졌다"고 말하고 '나는 국민의 정신적 대통령'이라고 주장했다. 다음 날 윤보선은 박정희에 대해 대통령 당선 무효 소송을 냈고, 사광욱 중앙선거관리위원장을 상대로 선거 무효 소송을 제기했다.

이 선거에선 지방 공무원, 경찰 일부가 여당 후보를 지원한다는 것이 폭로됐다. 그래서 목포경찰서장과 총경, 경감 등 4명을 국회의원 선거법 위반 혐의로 구속했다. 함평군수, 파주군수 같은 사람들도 구속되고 그랬다. 이런 부정 선거 양상도 있었다. 또 특이한 것은 케네디 대통령이 암살되자 한때 선거 운동을 중지했다는 것이다. 장례식에 참석하기 위해 워싱턴으로 떠나기 전 박정희 총재가 지시한 것인데, 그에 따라 민주공화당은 11월 23일 정오부터 24시간 동안 그렇게 했다. 야당도 선거 운동을 중지했다. 애도할 일이지만 선거 운동을 24시간이나 중단할 필요까지 있었을까? 만약 윤보선의 지시로 야당이 선거 운동을 중지했더라면 박정희는 윤보선과 야당을 사대주의자라고 무섭게 몰아세우지 않았을까?

공화당, 기형적 선거 제도에 힘입어
압도적 다수 의석 확보

── 선거 결과는 어떠했나.

민주공화당이 그야말로 압도적인 의석수를 차지했다. 지역구에서 88석, 그리고 전국구에서 44석의 반절인 22석을 차지했다. 세간의 관심을 모았던 김제와 옥천·보은에서도 민주공화당의 장경순과 육인수가 야당의 3선 의원인 조한백과 신각휴를 물리쳤다. 거기에 비해서 제1야당인 민정당은 지역구 27석에 전국구 14석으로 41석밖에 안 됐다. 민주당은 지역구 8석, 전국구 5석이었고 자유민주당은 지역구 6석, 전국구 3석이었다. 국민의당은 8.8퍼센트나 득표했지만 지역구 2석밖에 건지지 못했다.

그런데 득표율은 어떠냐. 공화당의 득표율은 33.5퍼센트밖에

1963년 11월 28일 자 동아일보. "새 국회의 성격 분석"이란 제목 아래 다양한 도표를 보여주며 국회의원 선거 결과를 보도하고 있다.

안 됐다. 그런데도 175석 중 110석이라는, 3분의 2에 가까운 의석을 차지했다. 그야말로 이상한 선거 제도가 이런 기형적인 결과를 만들었다고 볼 수밖에 없다. 민정당의 득표율은 공화당 득표율의 3분의 2에 가깝다. 20.1퍼센트였다. 그런데 의석수는 3분의 1을 약간 넘는 41석밖에 안 됐다. 국민의당의 득표율은 공화당 득표율의 4분의 1이 넘는데 의석수는 55분의 1밖에 안 됐다. 예전, 그러니까 1960년 민주당 사람들이 주축을 이루고 있는 민정당, 민주당, 자민당의 득표율을 합치면 41.8퍼센트로 민주공화당을 훨씬 능가한다. 여기에 옛 민주당 인사들이 적지 않을 국민의당까지 합치면 50.6퍼센트로 과반수를 차지한다.

이 선거에서는 서울을 제외하고는, 도시를 포함한 대부분의 지역에서 야당 난립 같은 게 작용해 여당이 이겼다. 서울만은 14석 중

제5대 대통령 취임식. 이날 겨울인데도
부슬비가 내렸다. 제3공화국이 탄생한 것이다.
사진 출처: e영상역사관

제5대 대통령 취임식장에 모인 내외 인사들. 사진 출처: e영상역사관

에서 여당이 2석밖에 차지하지 못했다. 자유당 때와 비슷한 현상이
일어났다.

— 민주공화당은 자신들의 입맛대로 선거 제도를 바꾼 효과를 톡
톡히 누린 셈이다. 이제 5·16쿠데타 후 2년 7개월 만에 제3공
화국이 출범하는 일만 남은 것 아닌가.

12월 14일 박정희 최고회의 의장은 정치활동정화법 미해금자
266명 중 192명을 해제했다. 이재학, 임철호, 홍진기 등 자유당 거
물들과 부정 선거 관련자들은 거의 다 풀렸다. 남은 사람은 이승만
과 장면, 김상돈, 김영선, 이철승 등 민주당 정권 관련자들, 그리고
윤길중, 김달호, 이동화, 고정훈 등 혁신계 중진급으로 모두 74명이
었다. 박 의장의 의도는 간단명료했다. 미해금자 74명은 1967년 총

선에도 나오지 말라는 것이었다. 3·15 자유당 정부통령 선거대책위원장 한희석과 박용익, 홍진기 등 부정 선거 관련자 14명과 혁신계 중간 간부급 등은 특별 사면됐지만 김달호, 윤길중, 고정훈, 송지영, 류근일 등은 여전히 감옥에서 고생하고 있었다. 박용만 국민의당 대변인은 왜 혁신계 중진 인사들은 사면하지 않느냐고 비판했고, 4월혁명유족회와 4월동지회는 부정 선거 관련 원흉 석방 결사반대를 외치며 시위를 하려다 경찰에 저지됐다.

12월 17일, 박정희 대통령은 드디어 취임식을 연다. 미국에서 존 번즈 특사, 일본에서 오노 반보쿠 자민당 부총재, 베트남에서 람 외상, 태국에서 자야나마 외무부 차관 등이 와서 취임식에 참석했다. 오노 반보쿠는 대통령 취임식에 참석하기 위해 일본을 떠날 때 "박정희 대통령 권한 대행과는 서로 부자지간을 자인할 정도로 친한 사이", "아들의 경축일을 보러 가는 일은 무엇보다도 즐겁다"고 말해 크게 물의를 빚은 장본인이다. 취임식 날, 겨울인데 부슬비가 내렸다. 제3공화국이 탄생한 것이다. 물망에 올랐던 정구영 대신 사람들이 거의 몰랐던 이효상이란 사람이 놀랍게도 국회의장이 됐다. 그리고 최남선의 동생으로, 동아일보 사장을 오래 지냈고 대한적십자사 총재였던 최두선이 얼굴마담 격으로 총리에 기용됐다. 그러나 곧 정일권으로 총리가 바뀐다. 비서실, 경호실, 중앙정보부 같은 힘 있는 핵심 기구는 여전히 군인들이 차지하고 공화당 요직도 대부분 군인들이 차지했다. 자유당계가 일부 들어간 것을 빼면 그랬다. 여전히 군인들이 지배하는 국가였다. 민정 이양을 했다고 해서 군사 문화가 없어진 것도 아니었다. 계속 존재하면서 우리 정치, 문화, 사회에 큰 영향을 끼쳤다.

나가는 말

1

2017년은 박정희 전 대통령이 태어난 지 100년이 되는 해입니다. 아니나 다를까, 혈세를 쏟아부어 박정희 탄생 100주년 기념사업을 추진하려는 움직임이 나타나고 있습니다. 그와 더불어, 이러한 움직임이 일방적인 미화와 우상화로 귀결될 것이라고 우려하는 목소리도 나오고 있습니다.

박정희 전 대통령은 한국 현대사의 문제적 인물입니다. 박정희라는 인물, 그리고 그의 집권기를 어떻게 평가할 것인가 하는 문제는 한국 현대사 이해에서 핵심 과제 중 하나입니다. 대중적으로 의견이 엇갈리는 사안이기도 합니다. 박정희 세력이 끼친 폐해를 직시해야 한다며 비판적으로 바라보는 사람들도 있지만, 오늘날 이만큼 발전한 건 박정희 전 대통령 덕분이라며 박정희를 희대의 영웅으로 여기는 이들도 있습니다.

이처럼 박정희에 대한 평가는 극명하게 차이가 납니다. 이 대목에서 한 가지 의문이 듭니다. 박정희가 어떠한 삶을 살았는지, 그의 집권기에 실제로 어떤 일이 있었는지를 충분히 파악한 상태에서 이뤄진 평가일까요? 안타깝게도 그런 것과는 거리가 멀어 보입니다. 그러한 현상은 특히 박정희를 떠받드는 이들에게서 훨씬 심하게 나타난다고 볼 수 있습니다. 반신반인半神半人이라는 낯 뜨거운 이야기까지 버젓이 나오는 데서도 이 점을 느낄 수 있습니다.

오늘날 필요한 건 박정희 우상화가 결코 아닙니다. 박정희 신화를 벗어던지고 박정희와 그의 집권기를 제대로 인식해야 할 때입니다. 이것은 위기에 처한 한국 사회가 나아갈 길을 여는 작업과도 직결됩니다. 한국 사회가 직면한 심각한 문제들 중 상당수가 박정희 집권기와 맞닿아 있기 때문입니다. 그런 점에서도 박정희 바로 알기는 피할 수 없는 과제입니다.

2.

그런 차원에서 《서중석의 현대사 이야기》는 박정희와 그의 집권기를 집중적으로 조명하고자 합니다. 이번에 선보이는 5·6권에서는 5·16쿠데타를 계기로 박정희가 권력을 움켜쥐는 과정을 다뤘습니다. 4월혁명으로 열린 가능성의 공간이 어떤 식으로 짓밟혔는지는 본문에서 상세히 다뤘으니, 여기서는 6권 부제 중 '배신의 정치' 부분에 대해서만 조금 설명을 드리겠습니다.

다들 아시겠지만 '배신의 정치'는 박정희의 딸 박근혜 대통령이 유포한 표현입니다. 이를 통해 박근혜 대통령은 자신과 다른 의견을 낸 정치인을 배신자로 낙인찍었습니다. 이러한 행태는 거센 역풍을 불러일으켰지요. 민주주의를 지향하는 사회에서 대통령과 견해가 다르다고 해서 배신자라는 딱지가 붙는 것 자체가 이해하기 어려운 일이기 때문일 것입니다. 대통령이 대선 공약을 숱하게 저버린 것 등이 진정한 배신이며 대통령 자신부터 반성하는 게 도리라는 지적도 곳곳에서 나왔습니다. 사적인 감정을 부당하게 앞세우는 대신 민주주의 원리와 역사의 흐름에 비춰 사안을 판단해야 한다는 뜻이 담긴 지적이었지요.

박근혜 대통령이 절대적으로 추앙하는 것으로 보이는 부친 박정희의 집권 과정을 '배신의 정치'라는 틀로 되짚어보면 어떨까요? 1961년 5·16쿠데타에서 1963년 12월 제3공화국의 출범에 이르기까지 박정희가 보인 모습은 개인적 신의와도, 민주주의 원리와 역사의 흐름을 준거로 한 대의와도 거리가 멉니다.

사적인 부분을 먼저 짚어볼까요? 이 시기에 박정희는 목숨을 걸고 자신과 함께한 동료들 중 상당수를 내쳤습니다. 그것도 반혁명이라는 무시무시한 낙인을 찍은 채. 그런 식으로 밀려난 이들 중에는 박정희가 아주 어려운 처지에 놓였을 때 여러 차례 구원의 손길을 내밀었던 은인도 포함돼 있습니다. 권력 앞에서는 동료도, 은인도 안중에 없었던 셈입니다. 일제 시대에 만주군 장교였다가 해방 후에는 남로당 프락치로 변신하고, 그 후에는 군 내부의 남로당 조직 정보를 제공하고 자신만은 살아났던 박정희로서는 어쩌면 지극히 자연스러운 행보 아니었을까 하는 생각마저 들게 하는 모습입니다.

공적인 측면을 살펴보면 이러한 특징은 더욱 두드러집니다. 그 중 몇 가지만 살펴볼까요? 예컨대 민정 이양 문제를 두고 박정희는 줄기차게 말을 바꿉니다. 이른바 '혁명 공약'의 하나로 천명하고 국민들에게 거듭 약속한 것에 더해, '혁명 공약'대로 민정에 참여하지 않겠다고 공개적으로 선언해놓고도 곧바로 손바닥 뒤집듯 태도를 바꿉니다. 4월혁명을 초래한 1960년 3·15 부정 선거 원흉, 발포 사건 책임자 등을 철저히 처벌하는 것과도 거리가 멀었습니다. 오히려 '구악 중 구악'이던 자유당 정권 고위층을 공화당에 대거 끌어들였습니다. 부정 선거범보다 더 욕을 먹고 있던 부정 축재자 처리 문제에서도 국민 다수의 바람과는 거리가 먼 조치를 취했습니다. 그와 달리 독립운동과 분단 해소를 위해 몸을 바친 사람들 중 상당수는 5·16쿠데타 후 반국가 범죄자로 몰려 억울한 옥살이를 해야 했습니다. 한국전쟁 전후 민간인 학살의 피맺힌 진실을 규명하려 한 유가족은 쿠데타 세력에게 철퇴를 맞았습니다. 심지어 희생자들의 묘까지 훼손되는 참담한 일까지 겪어야 했습니다. 그에 더해, '혁명'이라는 포장과 달리 반혁명의 성격이 강했던 군사 쿠데타가 민주주의와 인권을 심각하게 후퇴시켰다는 건 더 설명할 필요가 없겠지요.

민주주의 원리와 역사의 흐름에 비춰 볼 때 이러한 일들이 배신의 정치라는 규정에서 자유로울 수 있을까요? 박정희 세력의 이러한 특징은 이때뿐만 아니라 1979년 10·26으로 무너질 때까지 그 형태를 조금씩 달리하며 계속 나타난다는 점도 생각해볼 대목입니다. '이만큼 사는 건 박정희 대통령 덕분'이라고 지레짐작하는 대신 이러한 문제들을 비롯한 박정희 정권의 실상을 차분히, 함께 되짚었으면 하는 바람입니다.

3.

박정희와 그의 집권기에 대한 집중 조명은 앞으로도 계속됩니다. 한일협정과 경제 개발, 그리고 유신 쿠데타를 거쳐 10·26으로 몰락하는 과정도 차례차례 책으로 정리해 독자 여러분을 찾아갈 예정입니다. 연재에 관심을 보여준 언론 협동조합 프레시안 박인규 이사장과 연재 정리를 도와준 프레시안 후배 최하얀·서어리 기자, 그리고 작업 공간을 제공해주는 등 물심양면으로 지원해준 인문 기획 집단 문사철의 강응천 주간께 감사 인사를 전합니다.

2016년 5월
김덕련

서중석의 현대사 이야기 ❻

초판 1쇄 펴낸날	2016년 5월 16일
초판 3쇄 펴낸날	2024년 10월 14일
지은이	서중석·김덕련
펴낸이	박재영
편집	임세현·이다연
마케팅	신연경
디자인	조하늘
제작	제이오
펴낸곳	도서출판 오월의봄
주소	경기도 파주시 회동길 363-15 201호
등록	제406-2010-000111호
전화	070-7704-5018
팩스	0505-300-0518
이메일	maybook05@naver.com
X(트위터)	@oohbom
블로그	blog.naver.com/maybook05
페이스북	facebook.com/maybook05
인스타그램	instagram.com/maybooks_05
ISBN	978-89-97889-99-0 04900
	978-89-97889-56-3 (세트)

만든 사람들

책임편집	박재영
디자인	조하늘

이 책에 실린 사진은 저작권을 가지고 있는 분들과 기관의 허락을 받아 게재했습니다.
저작권자를 찾지 못하여 게재 허가를 받지 못한 일부 사진은 저작권자가 확인되는 대로
게재 허락을 받고 통산 기준에 따라 사용료를 지불하겠습니다.